LENA FUCHS (HRSG.)

Kleine Geschenke

Lena Fuchs (Hrsg.)

Kleine Geschenke

Stricken, Häkeln, Sticken, Nähen

AUGUSTUS

Inhalt

Vorwort

Machen Sie anderen Menschen gern eine besondere Freude? Dann werden Sie stets auf der Suche nach ganz persönlichen Geschenken sein, die genau auf die Interessen des Empfängers abgestimmt sind und beweisen, wie sehr Sie ihn schätzen. Wer Handarbeiten liebt, ist um geeignete Ideen nie verlegen, denn gestrickte oder gehäkelte, geknüpfte oder genähte Präsente kommen immer an.

Für ein junges Mädchen könnten Sie eine flotte Tasche nähen oder ein Freundschaftsband knüpfen. Eine talentierte Gastgeberin wird sich über ein gehäkeltes Tischband oder einige Sets freuen. Kinder begeistern sich für lustige Beutel oder einen Teddy mit Ballerina-Röckchen, und Männer können nie genug handgestrickte Socken haben. Besonders liebevoll verpackt überreichen Sie Ihr Werk in einer Schachtel, die Sie in Artischocken- oder Flechttechnik dekorativ gestaltet haben.

In diesem Buch finden Sie Anregungen für jede Gelegenheit und in vielen verschiedenen Handarbeitstechniken. Was Sie wissen müssen, um die Modelle nachzuarbeiten, ist in jedem Kapitel genau erklärt. Die Materialangaben sind optisch hervorgehoben, damit Sie auf einen Blick sehen, was Sie für Ihre Arbeit benötigen. Das Handarbeitsvergnügen kann also sofort beginnen.

Ich wünsche Ihnen viel Freude beim Anfertigen Ihrer Lieblingsmodelle und garantiere Ihnen, daß Sie für Ihre einzigartigen Geschenke mit Komplimenten überhäuft werden.

Ihre

Lena Fuchs

Abkürzungen

Fb	Farbe
fM	feste Masche
Kett-M	Kettmasche
Knl	Knäuel
LL	Lauflänge
Lm	Luftmasche
M	Masche(n)
R	Reihe(n)
Rd	Runde(n)
Stb	Stäbchen
U	Umschlag

❖ Häkeln

Lustige Eierwärmer

Selbst hartnäckige Morgenmuffel werden freundlich gestimmt, wenn die Frühstückseier so originell „behütet“ sind.

Huhn

(Abbildung links, 2. von links)

Material
- ca. 20 g *Blau-Tulpe (Coats),* weiß (Fb 4050), Reste rot, gelb, schwarz

Nadeln
- Häkelnadeln Nr. 3,5 und 4,5
- Sticknadel Nr. 18 ohne Spitze

Grundmuster

In Runden fM häkeln.

So wird's gemacht

In einen Fadenring 6 fM häkeln. Ein farbiger Faden zwischen den Runden erleichtert das Arbeiten.
2. Rd: Jede M verdoppeln (= 12 M).
3. Rd: Jede 2. M verdoppeln (= 18 M).
4. Rd ohne Zunahmen.
5. Rd: Jede 3. M verdoppeln (= 24 M). Die Zunahmen der folgenden Rd stets versetzt anordnen.
6. Rd ohne Zunahmen.
7. Rd: Jede 3. M verdoppeln (= 32 M).
8. Rd ohne Zunahmen.
9. Rd: Jede 4. M verdoppeln (= 40 M).
10. – 18. Rd ohne Zunahmen.
19. Rd: Krebsmaschen häkeln.
Für den **Hahnenkamm** einen ca. 20 m langen roten Faden doppelt nehmen und über die Hälfte des Häkelteils Kett-M häkeln, dabei den Häkelfaden auf der Innenseite mitführen: 12 Kett-M, dann ca. 1,5 cm (4 Rd) Zwischenraum für den Schnabel freilassen und noch 2 Kett-M häkeln. Den Faden auf die Vorderseite ziehen und wie folgt häkeln: 3 Lm, in die 1. Kett-M 2 Stb häkeln, in die folgende M 1 fM. Die Lücke für den Schnabel übergehen (den Häkelfaden auf der Rückseite mitführen), dann * 1 fM, 3 Lm, in die folgende M 1 Stb häkeln, 3 Lm, in die folgende M 1 fM häkeln, ab * noch 3 x wiederholen.
Für den **Schnabel** in Gelb einen Kett-M-Ring (8 M) aufhäkeln. Den Faden auf die Vorderseite ziehen und 8 fM häkeln, dann 6 x 2 fM zusammenhäkeln. Die letzten beiden M zusammenziehen und den Faden vernähen.
Die **Augen** in Schwarz aufsticken.

Hase

(Abbildung ganz rechts)

Material
- ca. 20 g *Blau-Tulpe (Coats),* braun (Fb 4079), Reste weiß und schwarz

Nadeln
- Häkelnadel Nr. 3,5
- Sticknadel Nr. 18 ohne Spitze

Grundmuster

In Runden fM häkeln.

So wird's gemacht

In einen Fadenring 6 fM häkeln. Ein farbiger Faden zwischen den Runden erleichtert das Arbeiten.
2. – 18. Rd: siehe „Huhn“.
19. Rd: Krebsmaschen häkeln.
Für die **Ohren** in Weiß je 10 Lm anschlagen und 9 fM häkeln, dann in Braun weiterarbeiten: 8 fM häkeln, in die letzte fM 2 fM, 2 Lm und 2 fM häkeln, auf den Lm-Anschlag noch 8 fM häkeln, wenden, 10 fM häkeln, in die beiden Lm der Vor-R 3 fM, 2 Lm,

3 fM häkeln, 9 fM, in die letzte M 3 fM häkeln. Das zweite Ohr gegengleich häkeln, d.h.: In der letzten Reihe am Anfang 3 fM häkeln. Die Ohren annähen.
Die **Gesichtskonturen** in Schwarz im Stielstich aufsticken, die **Augen** im Plattstich in Weiß und Schwarz aufsticken, die **Nase** in Schwarz (siehe Grafik).

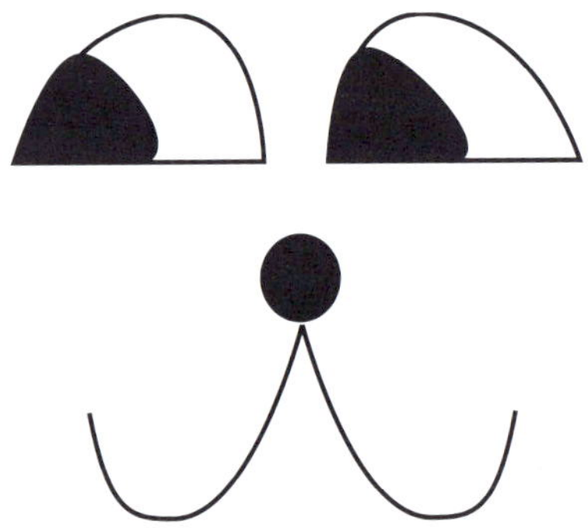

Glockenblume
(Abb. Seite 6/7, 2. von rechts)

Material
- ca. 20 g *Blau-Tulpe (Coats)*, blau (Fb 4088), Rest grün (Fb 4086)

Nadeln
- Häkelnadel Nr. 3,5
- Sticknadel Nr. 18 ohne Spitze

Grundmuster
In Runden und Reihen fM häkeln.

So wird's gemacht
In einen Fadenring 6 fM häkeln. Ein farbiger Faden zwischen den Runden erleichtert das Arbeiten.
2. – 18. Rd: siehe „Huhn".
19. Rd: * 1 Kett-M, 1 fM, 1 Stb, 1 Doppel-Stb, 1 Pikot (= 3 Lm und 1 Kett-M in die 1. Lm), 1 Doppel-Stb, 1 Stb, 1 fM, 1 Kett-M, ab * 4 x wiederholen (= 5 Zacken). Die 5 Blütenblätter mit Kettenstich nachsticken (siehe Foto Seite 6/7).

Für den **Blütenstengel** in Grün in einen Fadenring 6 Lm häkeln. Nach 4 Rd die **Blätter** arbeiten: * 7 Lm häkeln, auf diese Lm 2 fM, 4 Stb häkeln, das Blatt in die 3. M der Vor-Rd anketten. Ab * noch 2 x wiederholen. Blüte und Stengel miteinander verbinden.

Hut
(Abbildung oben)

Material
- ca. 25 g *Blau-Tulpe (Coats)*, gelb (Fb 4085)
- ca. 25 cm Taftband

Nadel
- Häkelnadel Nr. 3,5

Grundmuster
In Runden fM häkeln.

So wird's gemacht
In einen Fadenring 6 fM häkeln. Ein farbiger Faden zwischen den Runden erleichtert das Arbeiten.
2. – 18. Rd: siehe „Huhn".
19. Rd: Jede 2. M verdoppeln (= 60 M).
20. – 24. Rd: ohne Zunahmen.
25. Rd: Krebsmaschen häkeln.
Das Taftband oberhalb der Hutkrempe befestigen.

Weste

(Abb. rechts)

Material
- ca. 20 g *Blau-Tulpe (Coats),* schwarz (Fb 4051), Reste weiß und rot

Nadeln
- Häkelnadel Nr. 3,5
- Sticknadel Nr. 18 ohne Spitze

Grundmuster

In Reihen fM häkeln.

So wird's gemacht

Rückenteil: 9 Lm in Weiß anschlagen und über 8 M 3 R häkeln, dann in Schwarz weiterarbeiten. Für die Schräge beidseitig in jeder Reihe 6 x 1 M zunehmen (= 20 M). Dann noch 10 R häkeln.

Für das **Vorderteil** aus dem Lm-Anschlag 8 M in Weiß häkeln und wie das Rückenteil arbeiten. Für die Westenspitzen die Arbeit teilen (= jeweils 10 M) und in jeder R beidseitig 2 M zusammenhäkeln.

Das Vorderteil in Weiß besticken: In die Mitte 4 Knöpfe sticken, anschließend im Abstand von 2 M senkrechte Linien aufsticken, die Westentaschen mit 3 – 4 Spannstichen aufsticken. Die Seitennähte schließen, die untere Westenkante mit festen M oder Langettenstich in Schwarz einfassen. Für die **Schleife** in Rot 30 – 35 Lm häkeln und am Kragen zur Schleife binden.

Herz

(Abb. Seite 6/7, 3. von rechts)

Material
- ca. 20 g *Blau-Tulpe (Coats),* rot (Fb 4093)

Nadel
- Häkelnadel Nr. 3,5

Grundmuster

In Reihen fM häkeln.

So wird's gemacht

3 Lm anschlagen und 2 fM häkeln. Für die Schräge beidseitig in jeder R 6 x 1 M, dann in jeder 2. R 5 x 1 M zunehmen (= 24 M). Nach 23 R die Arbeit in der Mitte teilen (= jeweils 12 M) und in jeder R beidseitig 4 x 2 M zusammenhäkeln. Das 2. Teil genauso arbeiten, dann beide Teile zusammenhäkeln, an der Spitze (ca. 10 – 12 R) eine Öffnung lassen. Die Kanten mit Krebsmaschen behäkeln.

Regalborten

Nicht nur in einer alten Vitrine sehen solche Regalborten reizend aus. Auch ein einfacher, moderner Geschirrschrank aus Kiefernholz bekommt durch den gehäkelten Spitzenschmuck nostalgischen Charme.

Material
Für 3 Regalborten à ca. 50 cm:
- 2 Knl *Rosanna (Lang),* natur (Fb 1702)

Nadel
- 1 Häkelnadel Nr. 1,50 oder 1,75

Regalborte „Rosette"

Höhe: ca. 4,5 cm

So wird's gemacht

Für 1 Rosette in einen Fadenring 8 Doppel-Stb, jeweils getrennt durch 3 Lm, häkeln. Nach Häkelschrift arbeiten und jede Rosette getrennt fertigstellen. In der 4. Rd wird jede Rosette an 2 Bogen mit Kett-M mit dem vorangegangenen Motiv verbunden. Ist die gewünschte Bortenlänge erreicht, bei a den Faden neu anschlingen und in 3 R die obere Befestigung häkeln. Regalborte spannen, anfeuchten und trocknen lassen.

Regalborte „Strahlen"

Höhe: ca. 8 cm

So wird's gemacht

Eine Lm-Kette für die gewünschte Bortenlänge anschlagen und die Häkelei in der Bortenmitte bei A nach Häkelschrift beginnen. Es ist ratsam, nach jeder R den Faden abzuschneiden und jede R auf der „Vorderseite" zu beginnen. Nach R 4 ist der gerade, obere Bortenteil beendet. Bei 1a neu mit der Vervollständigung der Strahlen beginnen und den Teil mit den Bogen häkeln. Die Regalborte spannen, anfeuchten und trocknen lassen.

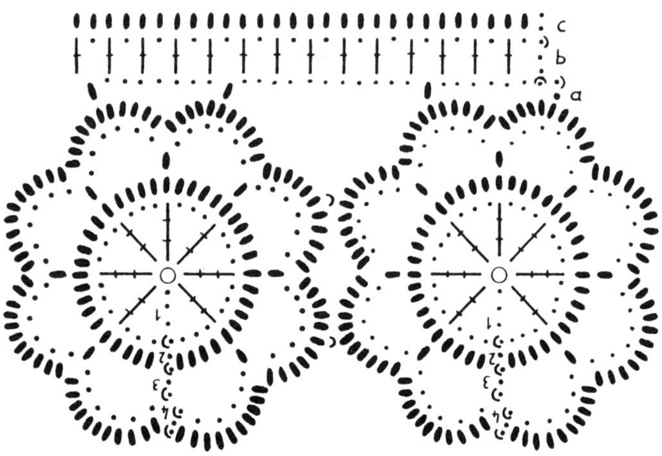

Regalborte „Rosette"
Zeichenerklärung siehe Seite 14

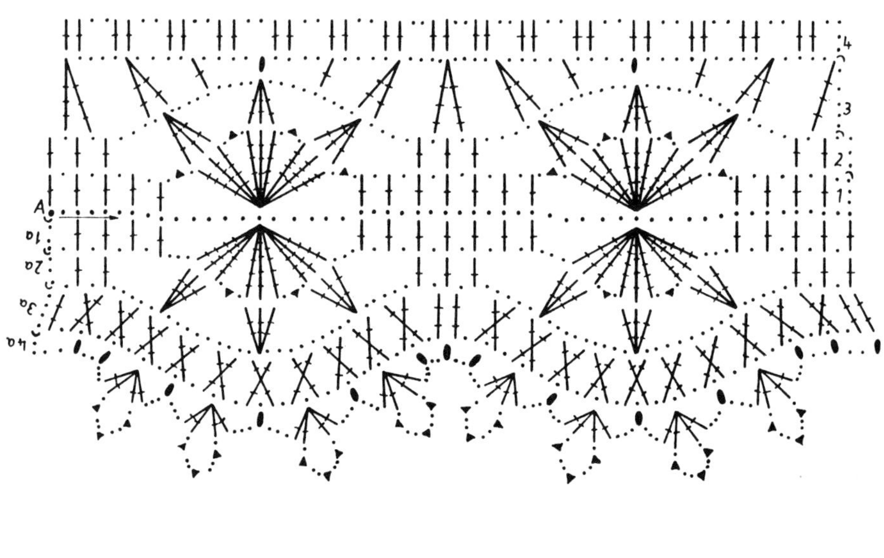

Regalborte „Strahlen"

Schlehen-
Gin

Taschentuchspitzen

Einst verloren Damen absichtsvoll solche zierlichen Spitzentüchlein, heute blitzen sie gelegentlich keck aus der Brusttasche eines Blazers.

Material
Für 1 Taschentuch
- 1 Knl *Anchor Spitzengarn 80 (Coats)* in der beim jeweiligen Modell angegebenen Farbe
- 1 *Anchor* Anhäkeltaschentuch mit Stickerei *(Coats;* Art.Nr. 35001, Fb weiß)

Nadel
- 1 Häkelnadel Nr. 0,60 oder 0,75

So wird's gemacht
Zuerst wird jedes Anhäkeltuch mit fM umhäkelt. In jedes Loch werden 2 fM, in jede Ecke 1 fM + 1 Lm + 1 fM + 1 Lm + 1 fM gearbeitet. Ab Rd 1 nach der jeweiligen Häkelschrift arbeiten. Einteilung der Mustersätze: Die Muster müssen aufgehen. Dazu wird die 2. Runde der Häkelschrift nur bis zur Seitenmitte gehäkelt. Dann wird ausgezählt, ob der Mustersatz in der zweiten Hälfte aufgeht oder nicht. Durch ein- oder mehrmaliges Verschieben der Einstichstelle um je eine Masche kann die Maschenzahl für den Mustersatz geregelt werden. Das umhäkelte Taschentuch spannen, anfeuchten und trocknen lassen.

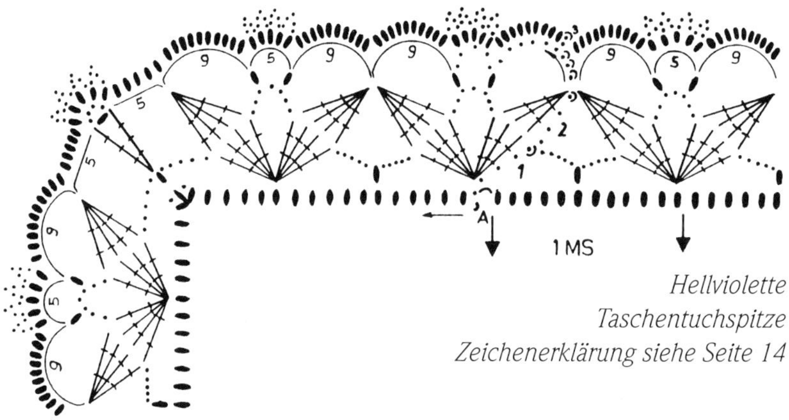

Hellviolette Taschentuchspitze
Zeichenerklärung siehe Seite 14

Hellviolette Taschentuchspitze

Spitzenbreite: ca. 1,7 cm
Spitzengarn: hellviolett (Fb 96)

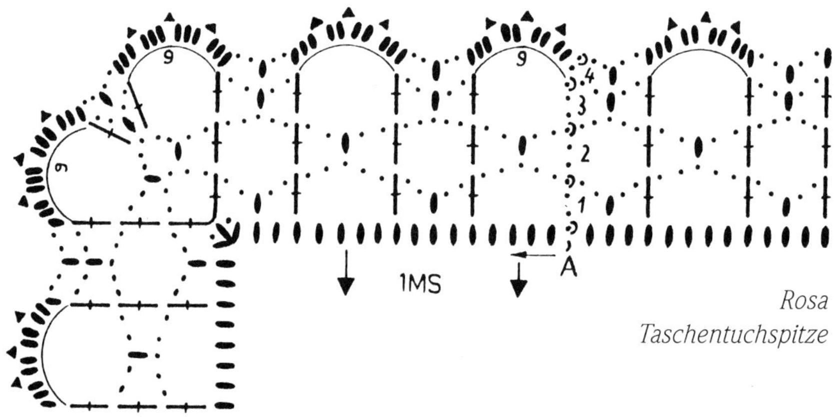

Rosa Taschentuchspitze

Rosa Taschentuchspitze

Spitzenbreite: ca. 1,5 cm
Spitzengarn: rosa (Fb 50), 4. Rd. altrosé (Fb 751)

Altroséfarbene Taschentuchspitze

Spitzenbreite: ca. 1,7 cm
Spitzengarn: altrosé (Fb 751)

Fliederfarbene Taschentuchspitze

Spitzenbreite: ca. 2 cm
Spitzengarn: flieder (Fb 108), 5. Rd: aubergine (Fb 752)

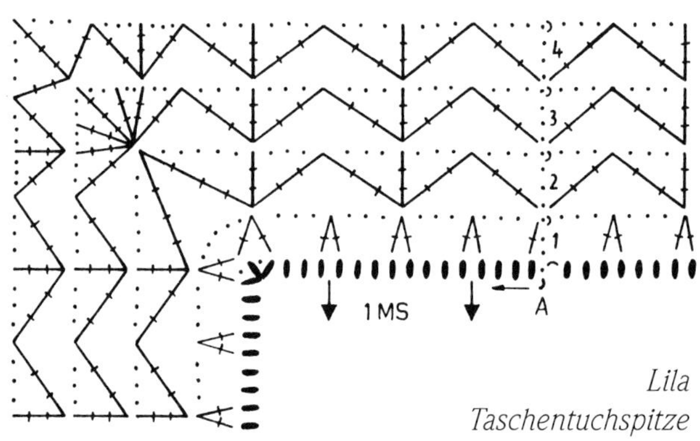

Lila Taschentuchspitze

Lila Taschentuchspitze

Spitzenbreite: ca. 1,6 cm
Spitzengarn: lila (Fb 107)

Zeichenerklärung

= Luftmasche (Lm)

= Kettmasche (Kett-M)

= feste Masche (fM)

= 3 fM in eine Einstichstelle

= Stäbchen (Stb)

= Doppel-, Dreifach- bzw. Vierfach-Stb

= mehrere Stb in 1 Einstichstelle (Die Zahl der langen Schrägstriche gibt die Zahl der Stb, die Zahl der Querstriche ihre Art – einfaches, Doppel-, Dreifach-Stb usw. – an.)

= mehrere zusammen abgemaschte Stb (Die Zahl der langen Schrägstriche gibt die Zahl der Stb, die Zahl der Querstriche ihre Art – einfaches, Doppel-, Dreifach-Stb usw. – an.)

= Kreuzstäbchen
Den Faden 2 x umschlagen, aus der entsprechenden M Schlinge durchholen, mit 1 Umschlag zunächst nur 2 Schlingen abmaschen, 1 Umschlag aufnehmen, Schlinge durchholen (dabei lt. Häkelschrift die gezeichnete M-Anzahl der Vor R oder Vor-Rd übergehen) und 2 Schlingen abmaschen, mit 1 Umschlag 2 Schlingen abmaschen (= Kreuzungspunkt). Dann mit je 1 Umschlag 2 x 2 Schlingen abmaschen; wurde 1 M der Vor-R übergangen, dann 1 Lm und 1 Stb in den Kreuzungspunkt.

▲ = Pikot (3 oder 4 Lm, in die 1. dieser Lm zurück 1 fM häkeln)

○ = Fadenring

9 = Zahlen unter einem Bogen nennen die Anzahl der Lm für einen Lm-Bogen

= dünne Pfeile in der Häkelschrift deuten den Häkelverlauf an

= 1 fM bzw. 1 Stb bzw. 1 Doppel-Stb in die M einstechen, auf die der Pfeil zeigt.

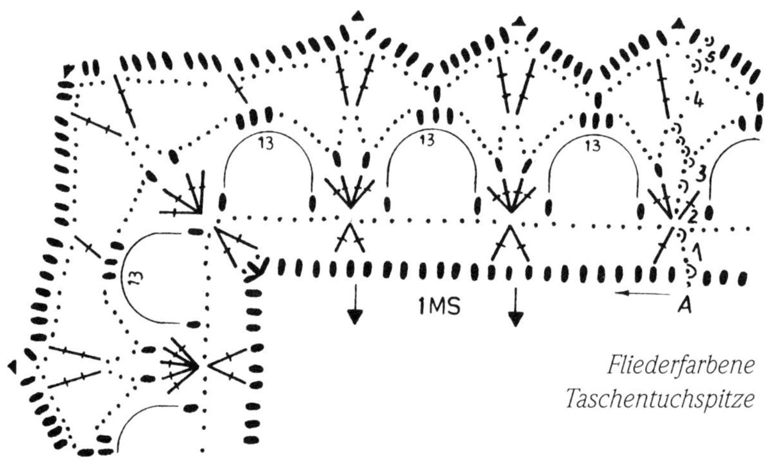

Fliederfarbene Taschentuchspitze

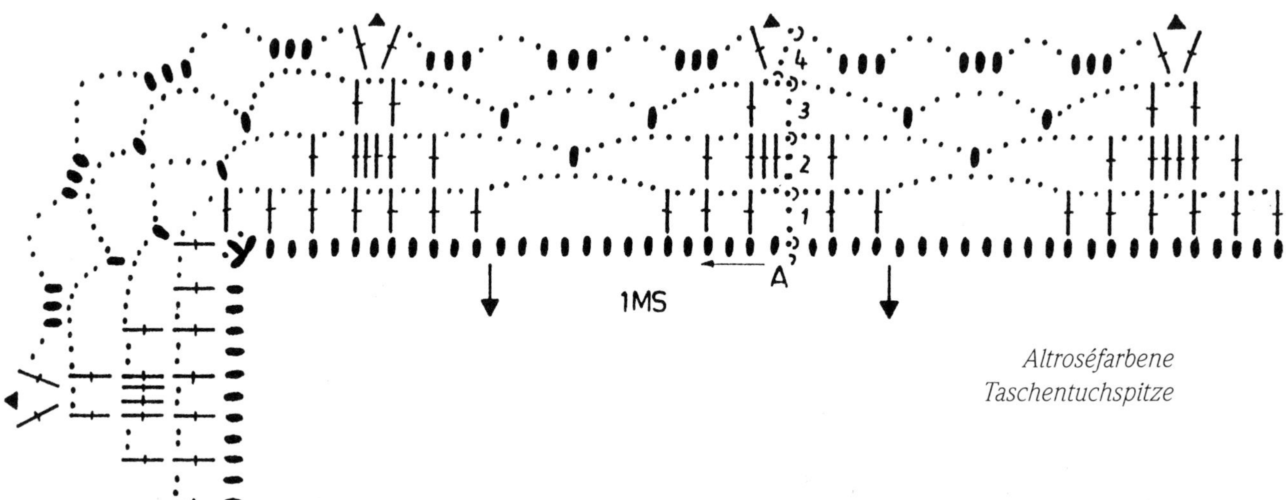

Altroséfarbene Taschentuchspitze

Frotteetücher mit Häkelspitzen

Über flauschige Frotteetücher mit handgehäkelter Spitzenkante und Kreuzstich-Monogramm freuen sich nicht nur Brautpaare.

Grünes Handtuch

Spitzenbreite: ca. 7 cm

Material
- Knl *Anchor Aida 10 (Coats)*, hell-petrolgrün (Fb 849)
- 1 Handtuch (*Leibfried;* Art.Nr. 760), 50 x 70 cm, mint (Fb 45)
- Nähgarn, petrolfarben
- 1 Strang *Anchor* Sticktwist *(Coats)*, petrol (Fb 779)

Nadeln
- Häkelnadel Nr. 1,25 oder 1,50
- Sticknadel Nr. 22 ohne Spitze

So wird's gemacht

Jedes „Ringelement" der Rd 1 wird mit einem Fadenring begonnen und nach Häkelschrift getrennt gearbeitet. Ring 1 wird zur Hälfte „gefüllt", dann wird für den darunterliegenden Ring ein neuer Fadenring gebildet. Ring 2 wird vollständig behäkelt, danach Ring 1 ergänzt. Die Rd 2 und 3 werden jeweils um beide Ringe ausgeführt. In der 3. Rd werden 2 Lm-Bogen mit je 1 Kett-M sowie 1 Lm-Bogen mit 1 Doppel-Stb mit den danebenliegenden Bogen verbunden. Ab R a werden die Elemente waagerecht verbunden. Die Spitze spannen, anfeuchten und trocknen lassen.
Nach Wunsch ein Monogramm mit ungeteiltem Sticktwist im Kreuzstich auf den Aida-Streifen des Handtuchs sticken (1 Kreuzstich über 2 Gewebekaros in Höhe und Breite).
Die fertige Spitze auf die Saumkante des Handtuchs steppen.

Gelbes Handtuch

Spitzenbreite: ca. 9 cm

Material
- 1 Knl *Anchor Aida 10 (Coats)*, sonnengelb (Fb 311)
- 1 Handtuch (*Leibfried,* Art.Nr. 760), gelb (Fb 10)
- Nähgarn, gelb
- 1 Strang Anchor Sticktwist *(Coats)*, sonnengelb (Fb 311)

Nadeln
- Häkelnadel Nr. 1,25 oder 1,50
- Sticknadel Nr. 22 ohne Spitze

So wird's gemacht

Jedes „Ringelement" der Rd 1 wird mit einem Fadenring begonnen und nach Häkelschrift getrennt gearbeitet. Ring 1 wird zur Hälfte „gefüllt", für Ring 2 wird ein neuer Fadenring gebildet, der wiederum nur halb behäkelt wird. Dann wird für Ring 3 erneut ein Fadenring gelegt, der rundum ausgefüllt wird. Auf dem Rückweg werden nun Ring 2, dann Ring 1 zur Rd geschlossen. Die Rd 2 und 3 werden jeweils um alle 3 Ringe ausgeführt. In der 3. Rd werden 4 Lm-Bogen mit je 1 Kett-M mit den danebenliegenden Bogen verbunden. Weitere Ausführung siehe „Grünes Handtuch".

Zählmuster für die Kreuzstich-Monogramme: Suchen Sie aus diesem Alphabet die Initialen aus, die Sie für Ihr ganz persönliches Geschenk brauchen.

Gästetuch

Spitzenbreite: ca. 5 cm

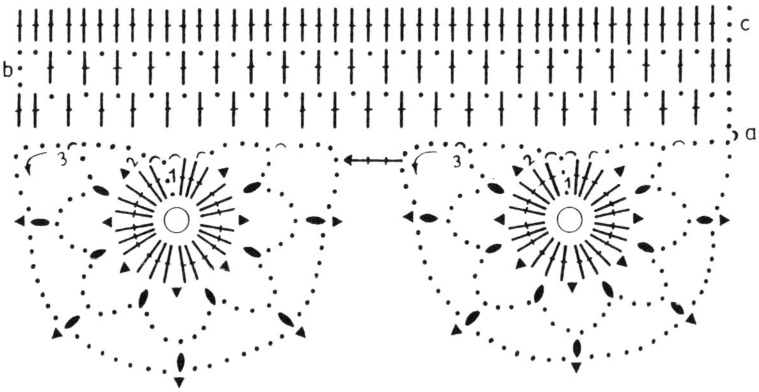

Material

- 1 Knl *Anchor Aida 10 (Coats)*, weiß (Fb 1)
- 1 Gästehandtuch (*Leibfried*, Art.Nr. 760), 32 x 55 cm, weiß (Fb 09)
- Nähgarn, weiß
- 1 Strang *Anchor* Sticktwist *(Coats)*, steingrau (Fb 900)

Nadeln

- Häkelnadeln Nr. 1,25 oder 1,50
- Sticknadel Nr. 24 ohne Spitze

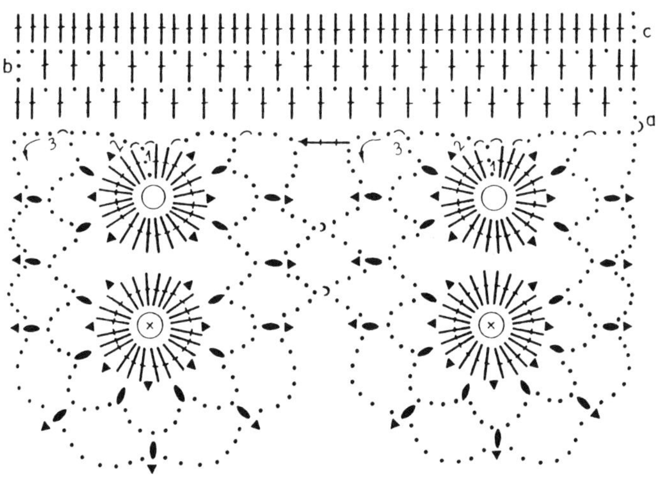

So wird's gemacht

Jedes „Ringelement" wird mit einem Fadenring begonnen und nach Häkelschrift getrennt gearbeitet. Nach der 2. Rd wird der Faden jeweils abgeschnitten und im 1. Lm-Bogen der 2. Rd mit einer Kett-M neu angeschlungen. Die einzelnen Ringelemente werden ab R a waagerecht miteinander verbunden. Die Spitze spannen, anfeuchten und trocknen lassen. Nach Wunsch ein Monogramm mit 3fädigem Sticktwist im Kreuzstich auf den Aida-Streifen des Handtuchs sticken (1 Kreuzstich über 1 Gewebekaro in Höhe und Breite). Die fertige Spitze auf die Saumkante des Gästetuchs steppen.

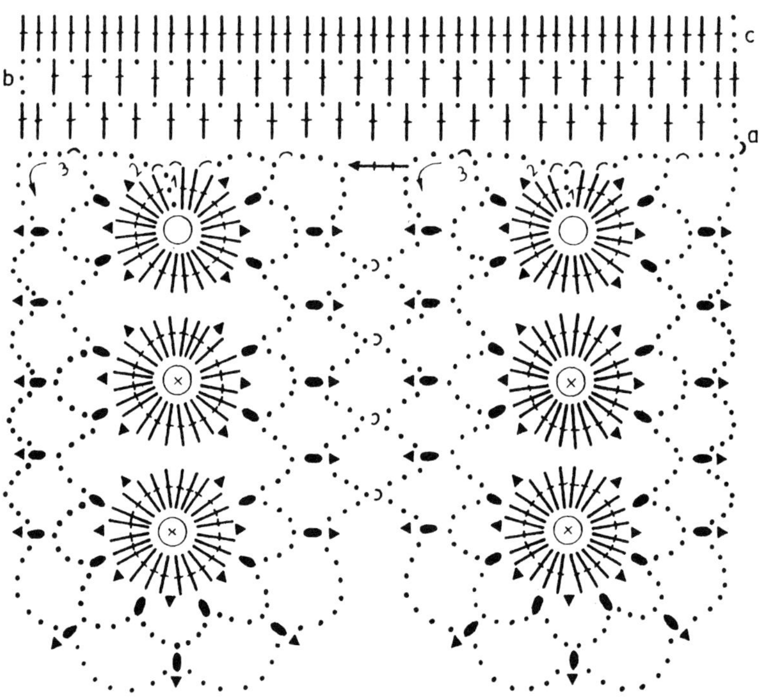

Ring 1

Ring 2

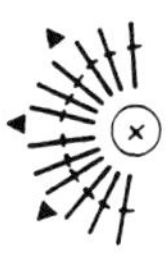

Ring 3

x = getrennte Fadenschlinge

Zeichenerklärung siehe Seite 14

Deckchen

Deckchengröße: ca. 22 x 22 cm
Motivgröße: ca. 11 cm Ø (großes Motiv); ca. 6 cm Ø (kleines Motiv)
Motivanzahl: 2 x 2

Einen romantischen Akzent auf der Frisierkommode oder einem Beistelltischchen setzt ein solches Deckchen aus einem kleinen und vier großen Häkelmotiven.

Material
- 1 Knl *Anchor Aida 15 (Coats)*, flieder (Fb 107)

Nadel
- Häkelnadel Nr. 1,50 oder 1,25

So wird's gemacht
Für ein großes wie auch für ein kleines Motiv 6 Lm anschlagen und mit 1 Kett-M zum Ring schließen. Die großen Motive gemäß Häkelschrift arbeiten und jeweils in der letzten Rd miteinander verbinden. Die Mitte zwischen 4 großen Motiven wird mit 1 kleinen Motiv nach deren Fertigstellung ausgefüllt. Das fertige Deckchen spannen, anfeuchten und trocknen lassen.

Zeichenerklärung siehe Seite 14

Breites Tischband

Fertige Bandgröße: ca. 23 x 140 cm
Motivgröße: ca. 11,5 cm Ø (großes Motiv); ca. 6 cm Ø (kleines Motiv)
Motivanzahl: 2 x 12

Einer einfachen Tischdecke verleiht ein farblich abgestimmtes Häkelband festliche Eleganz.

Material
- 2 Knl *Rosanna (Lang)*, blau (Fb 1731)

Nadel
- Häkelnadel Nr. 1,50 oder 1,75

So wird's gemacht

Für 1 großes Motiv 8 Lm anschlagen und mit 1 Kett-M zum Ring schließen. Weiter nach der Häkelschrift arbeiten, die ein Gesamtmotiv zeigt. Zwischen 2 x 2 verbundenen großen Motiven wird jeweils 1 kleine Rosette eingesetzt (Rundenbeginn mit 10 Lm). Ist die gewünschte Bandlänge erreicht, die Häkelei spannen, anfeuchten und trocknen lassen.

Zeichenerklärung siehe Seite 14

Drei frühlingsfrische Kissen

Verschenken Sie doch statt Ostereiern einmal solche Kissen in Frühlingsfarben mit Motiveinsätzen in Filethäkelei.

Grundmuster
Filetmuster aus 2 Lm, 1 Stb (1½fach-Stb). Die Filetkaros müssen quadratisch sein, deshalb wahlweise mit Stb oder 1½fach-Stb häkeln.

Maschenprobe
ca. 20 Filetkaros in Höhe und Breite = 10 x 10 cm

Kissen mit Hase

Größe: 40 cm Ø + 6 cm Rüsche
Häkeleinsatz: ca. 32 cm Ø

Material
- 25 g *Aida 20 (Coats)*, hellblau (Fb 129)
- 60 cm Stoff *Meran* (*Zweigart & Sawitzki*, Art.Nr. 3972), 140 cm breit, hellblau (Fb 569)
- Kissenfüllung, rund, 40 cm Ø

Nadel
- Häkelnadel Nr. 1 oder 1,25

So wird's gemacht
Häkeleinsatz: 52 Lm anschlagen und in die 5. Lm von der Nadel aus das

1. Stb häkeln (1. R = 48 Stb + 1 Ersatz-Stb). 64 R nach dem Zählmuster arbeiten. Den Einsatz spannen, anfeuchten und trocknen lassen.

Kissen nähen: Einen Kreis von 43 cm Durchmesser und 2 Halbkreise von je 43 cm Durchmesser + 1,5 cm Nahtzugabe an der geraden Schnittkante zuschneiden. Für die Rüsche zwei 8 cm breite und 140 cm lange Streifen schneiden.

Das Häkelteil mittig auf die vordere Kissenplatte heften und mit kleinen Zickzackstichen aufsteppen. Den Stoff darunter mit 1,5 cm Nahtzugabe wegschneiden, die Rundungen bis zur Stepplinie einschneiden und die Zugaben umbügeln. Die Kanten mit dichtem Zickzackstich übersteppen, dann die überstehende Nahtzugabe knapp abschneiden.

Die Schmalseiten der Rüsche zum Ring schließen, eine Längskante schmal säumen, die andere Kante auf Kissenumfang (ca. 135 cm) einkräuseln. Die beiden Halbkreise an den Längskanten schließen: 10 cm kleine Steppstiche, 22 cm große Stiche, 10 cm kleine Steppstiche. Die Naht ausbügeln und die großen Steppstiche auftrennen. Vordere Kissenplatte, Rüsche und rückwärtige Kissenplatte zusammensteppen. Das Kissen wenden, die Kissenfüllung einschieben und die Öffnung mit Handstichen schließen.

Kissen mit Tulpenstrauß

Größe: 40 x 40 cm + 5 cm Rand
Häkeleinsatz: ca. 30 x 30 cm

Material
- 25 g *Aida 20 (Coats)*, apricot (Fb 4973)
- 55 cm Stoff *Meran* (*Zweigart & Sawitzki*, Art.Nr. 3972), 140 cm breit, apricot (Fb 487)
- Kissenfüllung, 40 x 40 cm

Nadel
- Häkelnadel Nr. 1 oder 1,25

So wird's gemacht

Häkeleinsatz: 183 Lm anschlagen und in die 9. Lm von der Nadel aus das 1. Stb häkeln (1. R = 59 Filetkaros). Nach dem Zählmuster 1 x die 62 R arbeiten. Den Einsatz spannen, anfeuchten und trocknen lassen.

Kissen nähen: Ein Quadrat von 53 x 53 cm und 2 Rechtecke von je 53 x 28 cm zuschneiden. Das Häkelteil mit-

tig auf die vordere Kissenplatte heften und mit kleinen Zickzackstichen aufsteppen. Den Stoff darunter mit 1,5 cm Nahtzugabe wegschneiden, die Ecken bis zur Stepplinie einschneiden und die Zugaben umbügeln. Die Kanten mit dichtem Zickzackstich übersteppen, dann die überstehende Nahtzugabe abschneiden. Die beiden Rechtecke an einer Längskante schließen: 15 cm kleine Steppstiche, 23 cm große Stiche, 15 cm kleine Steppstiche. Die Naht ausbügeln und die großen Steppstiche auftrennen. Beide Kissenplatten rechts auf rechts zusammensteppen. Das Kissen wenden und den Rand 5 cm breit durchsteppen. Die Kissenfüllung einschieben und die Öffnung mit Handstichen schließen.

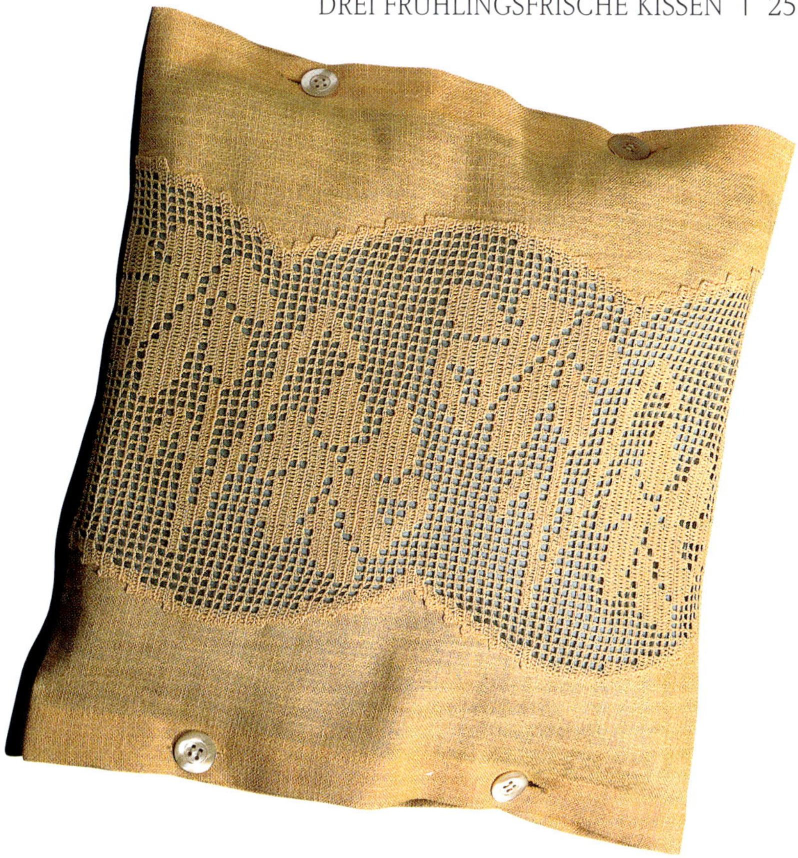

Kissen mit Narzissenborte

Größe: ca. 40 x 40 cm
Häkeleinsatz: ca. 22 x 40 cm

Material
- 20 g *Aida 20 (Coats)*, gelb (Fb 311)
- 55 cm Stoff *Meran* (*Zweigart & Sawitzki*, Art.Nr. 3972), 140 cm breit, gelb (Fb 216)
- 4 Knöpfe
- Kissenfüllung, 40 x 40 cm

Nadel
- Häkelnadel Nr. 1 oder 1,25

So wird's gemacht

Häkeleinsatz: 115 Lm anschlagen und in die 5. Lm von der Nadel aus das 1. Stb. Häkeln (1. R = 37 Filetkaros). 1 x die 73 R nach dem Zählmuster arbeiten. Den Einsatz spannen, anfeuchten und trocknen lassen.

Kissen nähen: Ein Rechteck von je 52 x 83 cm zuschneiden. Das Häkelteil mittig aufheften und mit kleinen Zickzackstichen aufsteppen. Den Stoff darunter mit 1,5 cm Nahtzugabe wegschneiden, die Ecken und Rundungen bis zur Stepplinie einschneiden und die Zugaben umbügeln. Die Kanten mit dichtem Zickzackstich übersteppen, dann die überstehende Nahtzugabe knapp abschneiden. Die Schmalseiten schließen. Die Längskanten beidseitig 3 cm breit doppelt säumen. In die Säume mit je 9 cm Abstand zur vorderen Mitte insgesamt 4 Knopflöcher arbeiten. Die Knöpfe entsprechend annähen. Kissenfüllung einschieben und die Knöpfe schließen.

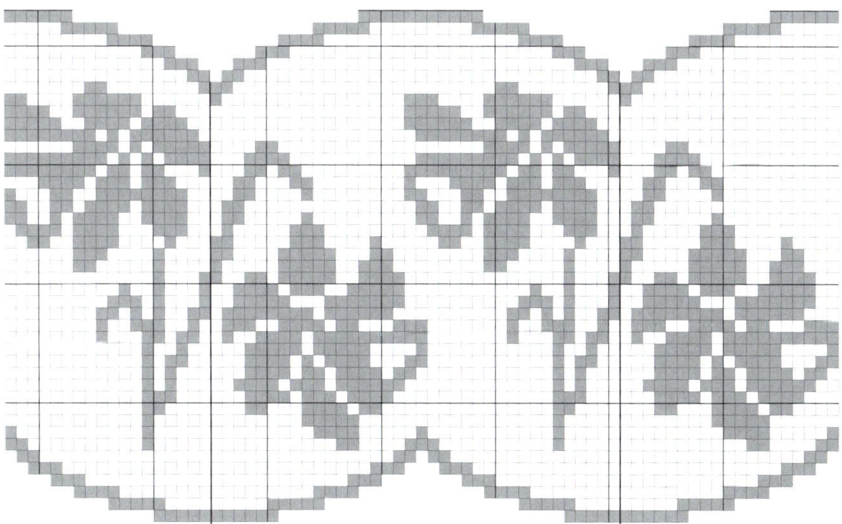

Musterrapport 36 R

Häkelrichtung

CHATEAU
CHARRIER
1992
COURCELLES
HAUSSMANN
LA MADELEINE BOULD DES CAPUC Bd DES ITALIENS
VOLTAIRE
BOULEVARD
DES INVALIDES
PORT-ROYAL
ARAGO
AV DES GOBELINS
BLANQUI
PLACE D'ITALIE
BOULD VINCENT
XIV
XIII
AVENUE
RESERVOIR DE MONTSOURIS

❖ Stricken

Damensocken mit Rosenmotiv

Größe 38/39 und 40/41
(Die Angaben für Größe 38/39 stehen vor dem Schrägstrich, die Angaben für Größe 40/41 dahinter. Steht nur eine Angabe, so gilt sie für beide Größen.)

Ein Geschenk für eine besonders liebe Freundin sind handgestrickte Socken mit aufgesticktem Rosenmotiv.

Material
- *Schachenmayr Regia 4fädig* (*Coats;* LL 210 m/50 g), in folgenden Mengen und Farben:
  100/150 g efeu meliert (Fb 2141)
  50 g leinen meliert (Fb 2143)
  50 g brombeer meliert (Fb 2139)

Nadeln
- Nadelspiel Nr. 2 – 3
- Sticknadel Nr. 18 ohne Spitze

Maschenprobe
30 Maschen/42 Reihen bzw. Runden glatt rechts = 10 x 10 cm

Strickmuster
Bündchenmuster: 1 Masche rechts, 1 Masche links im Wechsel stricken.
Glatt rechts: In Reihen Hinreihen rechts, Rückreihen links stricken.
In Runden nur rechte Maschen stricken.
Jacquardbordüre: In Norwegertechnik glatt rechts nach Zählmuster stricken. Den Rapport fortlaufend wiederholen.
Stickmotiv: Im Maschenstich nach Stickschema je 1 x außen und 1 x innen auf die Sockenschäfte sticken.

So wird's gemacht
60/66 Maschen in Efeu meliert anschlagen und auf 4 Nadeln verteilen. 20 Runden im Bündchenmuster, 10 Runden glatt rechts und die Bordüre nach Zählmuster in Norwegertechnik stricken. In Leinen meliert 30 Runden glatt rechts stricken, nochmals die Bordüre einstricken und in Efeu meliert im Bündchenmuster noch 10 Runden stricken. Die Rosen nach Stickschema je 1 x außen und 1 x innen auf die Sockenschäfte sticken.
Mit der Ferse über 30/33 Maschen beginnen. Ferse, Fuß und Spitze glatt rechts in Efeu meliert stricken, wie auf Seite 28/29 beschrieben.
Beide Socken gleich arbeiten.

Zeichenerklärung
☒ = 1 Maschenstich brombeer meliert
● = 1 Maschenstich efeu meliert
☐ = 1 Masche leinen meliert
⊞ = 1 Masche efeu meliert

Tip
Komplettieren Sie diese Socken zum Set mit einer Mütze und Handschuhen, die Sie ebenfalls mit dem Rosenmotiv besticken.

Zählmuster für die Bordüre

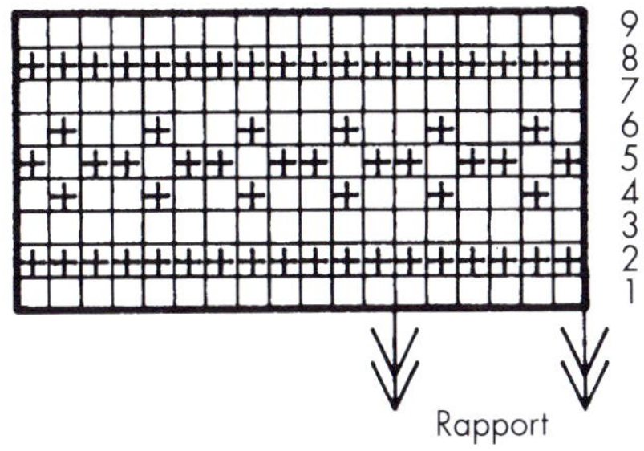

Stickschema

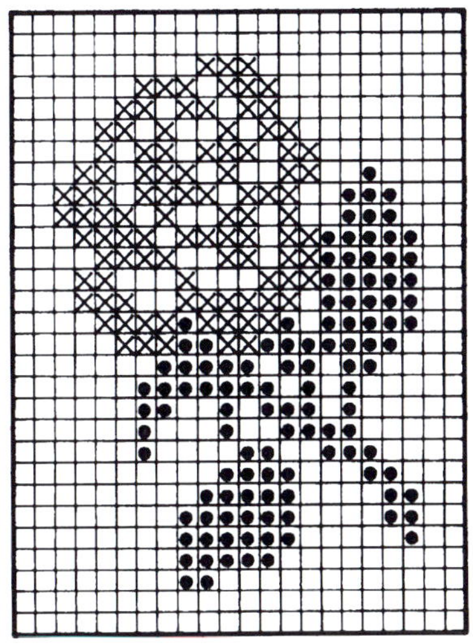

Socken stricken ist ganz leicht

Ein Paar Socken ist schneller gestrickt, als Sie vielleicht denken, und auch Ferse und Spitze, der Alptraum vieler Strickerinnen, sind ganz einfach zu arbeiten, wenn man den Dreh erst einmal heraus hat. Ich beschreibe hier das Stricken einer Socke / eines Strumpfes mit dreiteiligem Käppchen und Bandspitze – eine einfache und sehr beliebte Methode. Die Einzelheiten wie Material, Anschlag und Muster für Bündchen, Schaft und Fuß entnehmen Sie der jeweiligen Anleitung für Ihr Lieblingsmodell. Die genauen Maschenzahlen und Maßangaben für die verschiedenen Garnstärken und Größen finden Sie in einer Tabelle auf Seite 30.

Bündchen und Schaft

Schlagen Sie die angegebene Maschenzahl an und schließen Sie die Arbeit zur Runde. Die Maschen werden auf vier Nadeln gleichmäßig verteilt. Anschließend stricken Sie im Bündchenmuster weiter. Nach einigen Zentimetern (siehe Anleitung beim jeweiligen Modell) wechseln Sie zum Muster des Schafts. Bei Kniestrümpfen sind außerdem Zu- und Abnahmen für die Wade notwendig, die in der Anleitung oder in der Strickschrift beschrieben werden.

Ferse

Beim Stricken von Ferse und Käppchen ist es wichtig, den Überblick über die Nadeln zu behalten. Rundenbeginn ist immer in der hinteren Mitte des Strumpfes. Von dort werden die Nadeln so durchnumeriert, wie sie abgestrickt werden. Für die Ferse werden nur Nadel 4 und Nadel 1 (vor und nach dem Rundenbeginn) gebraucht. Die Maschen auf den Nadeln 2 und 3 werden mit Maschenraffer oder Kunststoffkappen stillgelegt. Stricken Sie mit den Maschen der 1. und 4. Nadel weiter (Hinreihen rechts, Rückreihen links). Jeweils 2 bis 3 Maschen nach der ersten und vor der letzten Randmasche können in Hin- und Rückreihen links gestrickt werden, so daß sie als Krausrippen erscheinen. Es werden 2 Reihen weniger gestrickt, als Fersenmaschen auf der Nadel sind. Ein Beispiel: Bei 64 Maschen Anschlag wird die Ferse mit 32 Maschen gestrickt. Arbeiten Sie 30 Reihen glatt rechts, so daß an den Seiten 15 Krausrippen entstehen.

Käppchen

Für das Käppchen verteilen Sie die Fersenmaschen gleichmäßig auf drei

Nadeln. Eventuellen Rest den Maschen auf der mittleren Nadel zugeschlagen.
1. Reihe: Die Maschen der 1. und 2. Fersennadel rechts stricken, dabei die letzte Masche der 2. Nadel abheben, die 1. Masche der 3. Nadel rechts stricken und die abgehobene Masche darüberziehen. Arbeit wenden.
2. Reihe: 1 Masche links abheben. Die Maschen der 2. Nadel links stricken bis auf die letzte Masche. Diese letzte Masche der 2. Nadel mit der 1. Masche der 1. Nadel links zusammenstricken. Arbeit wenden.
3. Reihe: 1 Masche links abheben. Die Maschen der 2. Nadel rechts stricken bis auf die letzte Masche. Diese letzte Masche abheben, die 1. Masche der 3. Nadel rechts stricken und die abgehobene Masche darüberziehen. Die 2. und 3. Reihe wiederholen, bis alle Maschen der 1. und 3. Fersennadel aufgebraucht sind.

Spickel

Um für den Fuß nun wieder in Runden weiterstricken zu können, müssen die Fersenmaschen und je 1 Masche aus dem Querfaden zwischen der 1. und 2. Nadel sowie zwischen der 3. und 4. Nadel aufgenommen werden. Am einfachsten geht das, indem man am Ende der letzten Hinreihe am Käppchen mit der Stricknadel immer unter beiden Gliedern einer Randmasche der Ferse von außen nach innen durchsticht und den Faden durchholt wie bei einer rechten Masche. Wenn alle Fersenmaschen der einen Seite aufgenommen sind, werden die vorübergehend stillgelegten Maschen der Nadeln 2 und 3 rechts oder im gewünschten Muster abgestrickt. Danach werden die Fersenmaschen der anderen Seite ebenfalls aufgenommen.
Auf den Nadeln 1 und 4 sind nun mehr Maschen als bei Fersenbeginn. Durch das Spickelabnehmen reduziert man die Maschenzahl wieder.
Es wird in Runden weitergestrickt. Über die Nadeln 2 und 3 läuft möglicherweise ein Muster, die Maschen der Nadeln 1 und 4 werden im allgemeinen glatt rechts abgestrickt. Dabei wird in jeder dritten Runde folgendermaßen abgenommen: Die zweit- und drittletzte Masche der 1. Nadel werden rechts zusammengestrickt. Die letzte Masche der 1. Nadel wird wieder rechts gestrickt. Die 1. Masche der 4. Nadel wird ebenfalls rechts gestrickt. Die 2. Masche wird abgehoben, die 3. Masche rechts gestrickt, die 2. darübergezogen. Diese Abnahmerunden werden wiederholt, bis die Zahl der ursprünglich angeschlagenen Maschen wieder erreicht ist.

Fuß

Am einfachsten wird der Fuß glatt rechts gestrickt – erfahrene Strickerinnen müssen da nicht einmal mehr hinsehen. Wer mag, kann aber auch auf der Oberseite das Muster des Schafts weiterlaufen lassen. Gerade bei Trachtenstrümpfen sieht es schön aus, wenn sich Zopf- oder Lochmuster auf dem Rist fortsetzen. Dann werden die Nadeln 2 und 3 im Muster, die Nadeln 1 und 4 glatt rechts gearbeitet. Stricken Sie, bis die in der jeweiligen Anleitung oder in der Tabelle (Seite 30) angegebene Fußlänge für die gewünschte Größe erreicht ist.

Bandspitze

Für die Bandspitze nehmen Sie am Ende der 1. und 3. Nadel und am Anfang der 2. und 4. Nadel Maschen nach folgendem Schema ab:
1. Nadel: Rechts stricken. Zweit- und drittletzte Masche rechts zusammenstricken, letzte Masche rechts stricken.
2. Nadel: 1 Masche rechts, 1 Masche abheben, 1 Masche rechts, abgehobene Masche über die rechts gestrickte Masche ziehen. Rechts weiterstricken.
3. Nadel: wie 1. Nadel.
4. Nadel: wie 2. Nadel.
Auf die 1. Abnahmerunde folgen 3 Runden glatt rechts, auf die nächsten beiden Abnahmerunden jeweils 2 Runden glatt rechts. Nach der 4., 5. und 6. Abnahmerunde wird jeweils nur noch eine Runde glatt rechts gestrickt. Danach nehmen Sie in jeder Runde wie beschrieben ab, bis nur noch zwei Maschen pro Nadel übrig sind. Diese Maschen ziehen Sie mit doppeltem Faden zusammen. Der Faden wird im Inneren des Strumpfes vernäht.

Tabelle für Socken aus Regia-Garn (4fädig, 6fädig, 8fädig)

Größe	22/23		24/25		26/27		28/29		30/31		32/33			34/35		
Garnqualität[1]	**R4**	**R6**	**R4**	**R6**	**R4**	**R6**	**R4**	**R6**	**R4**	**R6**	**R4**	**R6**	**R8**	**R4**	**R6**	**R8**
Maschenanschlag	44	32	48	36	48	36	52	40	52	40	56	44	40	56	44	40
M-Zahl je Nadel	11	8	12	9	12	9	13	10	13	10	14	11	10	14	11	10
M-Zahl Fersenbreite	22	16	24	18	24	18	26	20	26	20	28	22	20	28	22	20
R-Zahl Fersenhöhe	20	14	22	16	22	16	24	18	24	18	26	20	18	26	20	18
M-Zahl Käppchen	7/8/7	5/6/5	8/8/8	6/6/6	8/8/8	6/6/6	8/10/8	6/8/6	8/10/8	6/8/6	9/10/9	7/8/7	6/8/6	9/10/9	7/8/7	6/8/6
M-Aufnahme beidseitig	11	8	12	9	12	9	13	10	13	10	14	11	10	14	11	10
Fußlänge Fersenmitte bis Spitze in cm	11,5	12	12,5	12,5	14	14	14	15	15,5	16	17	17	17	18	18	18
Abnahme für Bandspitze nach der 1. Abnahme in der 3. Runde	1 x		1 x		1 x		2 x		2 x		2 x		1 x	2 x		1 x
in jeder 2. Runde	3 x	2 x	3 x	3 x	3 x	3 x	3 x	3 x	3 x	3 x	3 x	4 x	3 x	3 x	4 x	3 x
in jeder Runde	4 x	3 x	5 x	3 x	5 x	3 x	5 x	4 x	5 x	4 x	6 x	4 x	3 x	6 x	4 x	3 x
Gesamte Fußlänge in cm	14,5		15,5		17		18		19,5		21			22		

Größe	36/37			38/39			40/41			42/43			44/45			46/47	
Garnqualität[1]	**R4**	**R6**	**R8**	**R4**	**R6**	**R8**	**R4**	**R6**	**R8**	**R4**	**R6**	**R8**	**R4**	**R6**	**R8**	**R4**	**R6**
Maschenanschlag	60	48	44	60	48	44	64	52	48	64	52	48	68	56	52	72	56
M-Zahl je Nadel	15	12	11	15	12	11	16	13	12	16	13	12	17	14	13	18	14
M-Zahl Fersenbreite	30	24	22	30	24	22	32	26	24	32	26	24	34	28	26	36	28
R-Zahl Fersenhöhe	28	22	20	28	22	20	30	24	22	30	24	22	32	26	24	34	26
M-Zahl Käppchen	10/10/10	8/8/8	7/8/7	10/10/10	8/8/8	7/8/7	10/12/10	8/10/8	8/8/8	10/12/10	8/10/8	8/8/8	11/12/11	9/10/9	8/10/8	12/12/12	9/10/9
M-Aufnahme beidseitig	15	12	11	15	12	11	16	13	12	16	13	12	17	14	13	18	14
Fußlänge Fersenmitte bis Spitze in cm	18,5	18,5	18,5	20	20	20	21	21	21	22	22	22	22,5	23	23	24	24
Abnahme für Bandspitze nach der 1. Abnahme in der 4. Runde	1 x			1 x			1 x			1 x			1 x			1 x	
in jeder 3. Runde	2 x	1 x	1 x	2 x	1 x	1 x	2 x	1 x	1 x	2 x	1 x	1 x	2 x	1 x	1 x	2 x	1 x
in jeder 2. Runde	3 x	4 x	3 x	3 x	4 x	3 x	3 x	4 x	4 x	3 x	4 x	4 x	4 x	4 x	4 x	4 x	4 x
in jeder Runde	6 x	4 x	4 x	6 x	4 x	4 x	7 x	5 x	4 x	7 x	5 x	4 x	7 x	6 x	5 x	8 x	6 x
Gesamte Fußlänge in cm	23,5			25			26,5			27,5			28,5			30	

[1] **R4** = *Regia 4fädig,* LL 210 m/50 g, *Regia & Cotton, Regia aktiv;* **R6** = *Regia 6fädig,* LL 125 m/50 g; **R8** = *Regia 8fädig,* LL 100 m/50 g

Socken mit Hahnentrittmuster

Größe 40/41 und 44/45
(Die Angaben für Größe 40/41 stehen vor dem Schrägstrich, die Angaben für Größe 44/45 dahinter. Steht nur eine Angabe, so gilt sie für beide Größen.)

Nur vier Maschen breit ist der Rapport für dieses klassische Hahnentrittmuster. Nach ein paar Runden können Sie ihn bestimmt auswendig.

Material
- *Schachenmayr Regia 4fädig* (*Coats;* LL 210 m/50 g), in folgenden Mengen und Farben:
  100 g hellgrau meliert (Fb 1991)
  50 g königsblau (Fb 2000)

Nadeln
- Nadelspiel Nr. 2 – 3

Maschenprobe
30 Maschen/42 Reihen bzw. Runden glatt rechts = 10 x 10 cm

Strickmuster
Bündchenmuster: 2 Maschen rechts, 2 Maschen links im Wechsel stricken.
Glatt rechts: In Reihen Hinreihen rechts, Rückreihen links stricken. In Runden nur rechte Maschen stricken.
Jacquardmuster: In Norwegertechnik glatt rechts nach Zählmuster stricken. Den Rapport (zwischen den Doppelpfeilen) fortlaufend wiederholen. Achtung! Den jeweils nicht benützten Faden sehr locker auf der Rückseite mitführen, sonst wird der Sockenschaft zu eng.

So wird's gemacht
64/68 Maschen in Hellgrau meliert anschlagen und auf 4 Nadeln verteilen. 3 Runden im Bündchenmuster stricken. Zu Königsblau wechseln und weitere 12 Runden im Bündchenmuster stricken. In der letzten Runde pro Nadel 2 Maschen zunehmen (= 72/76 Maschen). Anschließend den Schaft nach Zählmuster in Norwegertechnik stricken. Wenn der Schaft inklusive Bündchen 15 cm hoch ist (oder die gewünschte Höhe erreicht hat), die vorher zugenommenen Maschen über eine Runde verteilt wieder abnehmen (= 64/68 Maschen). Die Ferse und das Käppchen in Königsblau, Fuß und Spitze in Hellgrau meliert stricken, wie auf Seite 28/29 beschrieben.
Beide Socken gleich arbeiten.

Zählmuster

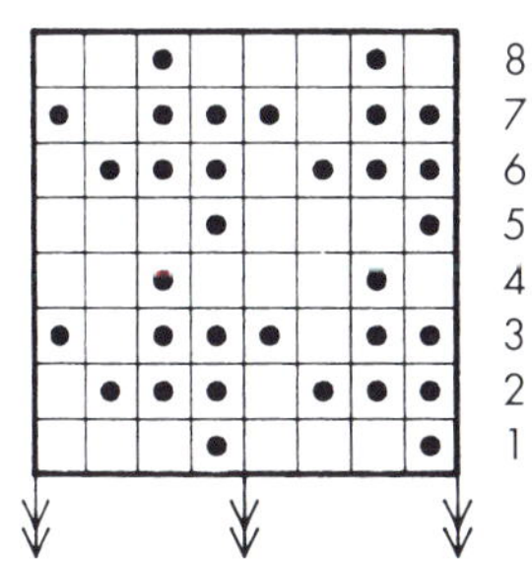

Zeichenerklärung
1 Kästchen = 1 Masche rechts
☐ = hellgrau meliert
● = königsblau

Socken mit Norwegermuster

Größe 38/39

Musterhafte Socken wie diese sind immer ein willkommenes Geschenk. Die Farben können Sie entsprechend den Vorlieben des Empfängers variieren.

Material
- *Schachenmayr Regia 4fädig* (*Coats;* LL 210 m/50 g), in folgenden Mengen und Farben:
  100 g leinen meliert (Fb 2143),
  50 g jeans meliert (Fb 2137),
  50 g holz meliert (Fb 1070)

Nadeln
- Nadelspiel Nr. 2 – 3

Maschenprobe
30 Maschen/42 Reihen bzw. Runden glatt rechts = 10 x 10 cm

Strickmuster
Bündchenmuster: 1 Masche rechts, 1 Masche links im Wechsel stricken.
Glatt rechts: In Reihen Hinreihen rechts, Rückreihen links stricken. In Runden nur rechte Maschen stricken.
Jacquardmuster: In Norwegertechnik glatt rechts nach Zählmuster stricken. Den Rapport fortlaufend wiederholen. Achtung! Den jeweils nicht benützten Faden sehr locker auf der Rückseite mitführen, sonst wird der Sockenschaft zu eng.

So wird's gemacht
60 Maschen in Leinen meliert anschlagen und auf 4 Nadeln verteilen.
Ca. 5 cm im Bündchenmuster und anschließend 2 Runden glatt rechts stricken. Danach 2 x die 1. – 24. Runde des Zählmusters stricken. Nach insgesamt ca. 19 cm Schafthöhe Ferse, Fuß und Spitze glatt rechts in Leinen meliert arbeiten, wie auf Seite 28/29 beschrieben.
Beide Socken gleich arbeiten.

Zählmuster

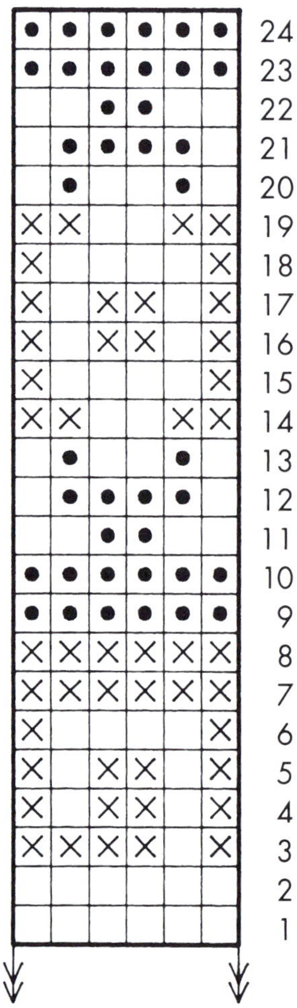

Zeichenerklärung
1 Kästchen = 1 Masche rechts
☐ = leinen meliert
● = jeans meliert
☒ = holz meliert

1-800-621-2277

Socken im Safari-Look

Für diese Socken mit der auffallenden Fellzeichnung muß kein Tier sterben. Streifen und Flecken werden ganz einfach eingestrickt.

Raubkatzenmuster

Größe 38/39

Material

- *Schachenmayr Regia 4fädig* (*Coats;* LL 210 m/50 g), in folgenden Mengen und Farben:
  100 g natur (Fb 2956)
  50 g dunkel-camel mouliné
  (Fb 2024)

Nadeln

- Nadelspiel Nr. 2 – 3

Maschenprobe

30 Maschen/42 Reihen bzw. Runden glatt rechts = 10 x 10 cm

Strickmuster

Glatt rechts: In Reihen Hinreihen rechts, Rückreihen links stricken. In Runden nur rechte Maschen stricken.

Jacquardmuster: In Norwegertechnik glatt rechts nach Zählmuster stricken. Die Maschenzahl muß durch 16 teilbar sein. Die 1. – 20. Runde stets wiederholen. Achtung! Den jeweils nicht benützten Faden sehr locker auf der Rückseite mitführen, sonst wird der Sockenschaft zu eng.

So wird's gemacht

64 Maschen anschlagen und auf 4 Nadeln verteilen. Für den Rollrand 8 – 10 Runden glatt rechts stricken. Den Schaft nach dem Zählmuster arbeiten. Vor Beginn der Ferse pro Nadel 1 Masche abnehmen (= 60 Maschen). Ferse, Fuß und Spitze in Natur stricken, wie auf Seite 28/29 beschrieben.
Beide Socken gleich arbeiten.

Zählmuster

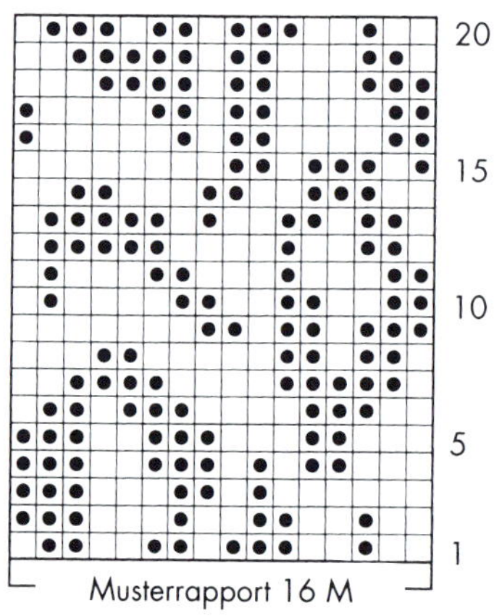

Zeichenerklärung

1 Kästchen = 1 Masche rechts

● = dunkel-camel mouliné

☐ = natur

Zebrastreifen

Größe 38/39

Material
- *Schachenmayr Regia 4fädig Tweed* (*Coats;* LL 210 m/50 g), in folgenden Mengen und Farben:
  50 g wüste (Fb 2957)
  50 g schwarz (Fb 2954)

Nadeln
- Nadelspiel Nr. 2 – 3

Maschenprobe

30 Maschen/42 Reihen bzw. Runden glatt rechts = 10 x 10 cm

Strickmuster

Bündchenmuster: 2 Maschen rechts, 2 Maschen links im Wechsel stricken.
Glatt rechts: In Reihen Hinreihen rechts, Rückreihen links stricken. In Runden nur rechte Maschen stricken.
Kraus: 1 Runde rechte Maschen, 1 Runde linke Maschen im Wechsel stricken.
Grundmuster: Das Grundmuster ist eine einfache Streifenfolge. Der Effekt entsteht durch das unregelmäßige Zusammennähen von jeweils 3 Streifen (kraus, glatt rechts, kraus). Streifenfolge: * 4 Runden kraus in Schwarz, 4 Runden glatt rechts in Wüste. Die Streifenfolge ab * wiederholen.

So wird's gemacht

60 Maschen anschlagen und auf 4 Nadeln verteilen. 8 cm im Bündchenmuster stricken. Schaft und Fuß nach der Streifenfolge arbeiten, Ferse und Fußspitze glatt rechts stricken, wie auf Seite 28/29 beschrieben.
Nach Fertigstellung werden die Streifen am Schaft und nach Möglichkeit auch auf dem Fußspann zusammengenäht, wie oben beschrieben (Grundmuster). Beide Socken gleich arbeiten.

Socken mit Aranmuster

Größe 37/38 (andere Größen siehe Tabelle)

Material
- 100 g *Schachenmayr Regia 4fädig* (*Coats;* LL 210 m/50 g), natur (Fb 1992)

Nadeln
- Nadelspiel Nr. 2 – 3
- Hilfsnadel

Maschenprobe
30 Maschen/42 Reihen bzw. Runden glatt rechts = 10 x 10 cm

Strickmuster
Bündchenmuster: 2 Maschen rechts, 2 Maschen links im Wechsel stricken.
Grundmuster: Den Schaft nach der Strickschrift arbeiten. In den nicht gezeichneten geraden Runden alle Maschen stricken, wie sie erscheinen. Die 1. – 12. Runde bis zur gewünschten Höhe stets wiederholen.

So wird's gemacht
68 Maschen anschlagen und auf 4 Nadeln verteilen. 6 cm im Bündchenmuster stricken. Anschließend den Schaft ca. 18 cm (oder in der gewünschten Höhe) nach der Strickschrift arbeiten. Danach stricken Sie noch eine Runde rechte Maschen und nehmen dabei gleichmäßig verteilt 8 Maschen ab (= 60 Maschen). Ferse, Fuß und Spitze glatt rechts stricken, wie auf Seite 28/29 beschrieben.
Beide Socken gleich arbeiten.

Zeichenerklärung
- = 1 Masche rechts
- = 1 Masche links
- = 2 Maschen miteinander verkreuzen
- = 2 Maschen auf einer Hilfsnadel vor die Arbeit legen, die folgenden 2 Maschen rechts, dann die 2 Hilfsnadelmaschen rechts stricken
- = 3 Maschen auf einer Hilfsnadel vor die Arbeit legen, die folgenden 3 Maschen rechts, dann die 3 Hilfsnadelmaschen rechts stricken
- = 2 Maschen auf einer Hilfsnadel vor die Arbeit legen, die folgende Masche links, dann die 2 Hilfsnadelmaschen rechts stricken
- = 1 Masche auf einer Hilfsnadel hinter die Arbeit legen, die folgenden 2 Maschen rechts, dann die Hilfsnadelmasche links stricken

Strickschrift
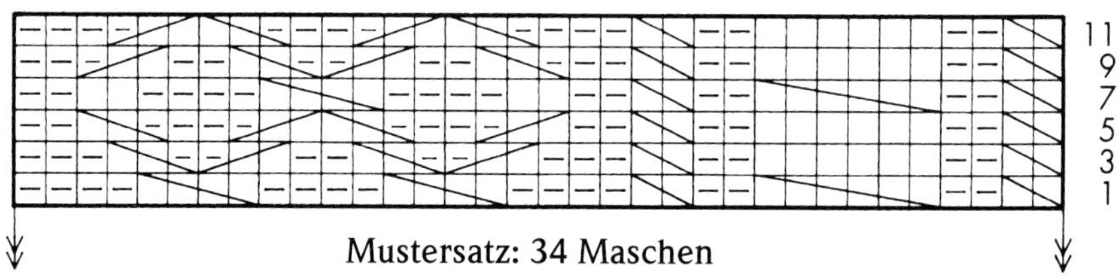

Mustersatz: 34 Maschen

Größentabelle

Größe	22/23	24/25	26/27	28/29	30/31	32/33	34/35	36/37	38/39	40/41	42/43	44/45	46/47
Anschlag in Maschen	60	60	60	60	70	70	70	70	80	80	80	90	90
Schaftlänge nach Bund in cm	14	14	14	14	18	18	18	18	22	22	22	22	22
Abnahmen in Maschen nach Schaft	16	14	12	10	18	16	14	12	20	18	16	22	18
Maschenzahl nach Abnahme	44	46	48	50	52	54	56	58	60	62	64	68	72
Fersenbreite in Maschen	22	23	24	25	26	27	28	29	30	31	32	34	36
Fersenhöhe in Reihen	22	24	24	26	26	28	28	30	30	32	32	34	36
Maschenaufnahme beidseitig	11	12	12	13	13	14	14	15	15	16	16	17	18
Ferse bis Spitzenbeginn in cm	8	9	10	11	11,5	13	13	14,5	16	16	17	17	18
Fußlänge gesamt in cm	15	17	18	19	20,5	22	23	24,5	26	27	28	29	30

Mütze und Schal mit Stickerei

Kopfweite der Mütze: 52 – 56 cm
Schal: 22 x 140 cm

Lustige, bunte Noppen werden separat gehäkelt und unregelmäßig verteilt in Schal und Mütze eingeknotet.

Material
- 250 g *Schachenmayr Regia 6fädig* (*Coats;* LL 125 m/50 g), mittelgrau meliert (Fb 5017)
- je 50 g *Schachenmayr Regia 4fädig* (*Coats;* LL 210 m/50 g), weiß (Fb 600), hochrot (Fb 2054), blatt (Fb 2082), mais (Fb 621)

Nadeln
- Stricknadeln Nr. 3,5
- Nadelspiel Nr. 3
- Zopfnadel
- Sticknadel Nr. 18 ohne Spitze
- Häkelnadel Nr. 2,5

Maschenprobe
22 Maschen/30 Reihen bzw. Runden glatt rechts mit Regia 6fädig = 10 x 10 cm

Zählmuster für das Stickmotiv

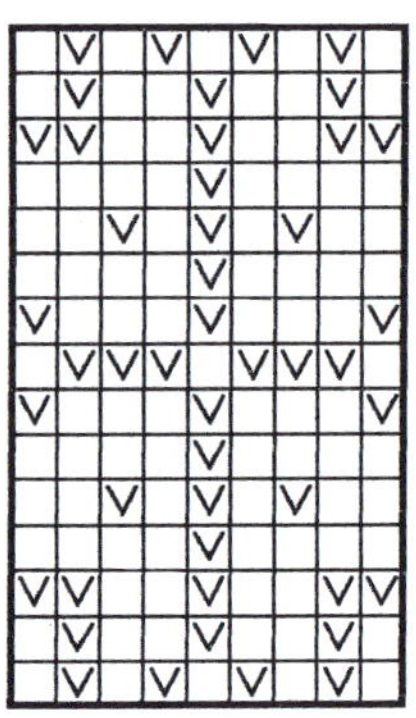

15 R

9 M

Zeichenerklärung
V = 1 Maschenstich

Strick- und Häkelmuster

Bündchenmuster: 1 Masche rechts, 1 Masche links im Wechsel stricken.
Glatt rechts: In Reihen Hinreihen rechts, Rückreihen links stricken. In Runden nur rechte Maschen stricken.
Glatt links: In Reihen Hinreihen links, Rückreihen rechts stricken. In Runden nur linke Maschen stricken.
Zopf:
1. und 5. Runde: 1 Masche links, 4 Maschen rechts, 1 Masche links.
2. und alle geraden Runden: Maschen stricken, wie sie erscheinen.
3. Runde: 1 Masche links, 2 Maschen auf der Hilfsnadel vor die Arbeit legen, 2 Machen rechts, die 2 Maschen der Hilfsnadel rechts stricken, 1 Masche links.
Die 3. – 6. Runde fortlaufend wiederholen.
Noppe: 4 Luftmaschen häkeln, * 1 Umschlag, dann in die 1. Luftmasche einstechen und 1 Schlinge durchziehen, ab * 4 x arbeiten, dann 1 Schlinge durch alle Maschen ziehen, den Faden abschneiden und durch die Maschen ziehen. Anfangs- und Endfäden hängenlassen.

So wird's gemacht

Mütze: Mit dem Nadelspiel Nr. 3 in Mittelgrau meliert 120 Maschen anschlagen, zur Runde schließen und wie folgt stricken: * 9 Maschen im Bündchenmuster, 1 Zopf. Ab * 8 x arbeiten. Nach 3 cm Höhe wie folgt weiterstricken: * 9 Maschen glatt rechts, 1 Zopf. Ab * 8 x arbeiten. Nach 15,5 cm Gesamthöhe mit den Abnahmen beginnen: * 2 Maschen rechts zusammenstricken, 5 Maschen rechts, 2 Maschen rechts überzogen zusammenstricken, 1 Zopf. Ab * 8 x arbeiten. Nach 3 Runden ohne Abnahmen: * 2 Maschen rechts zusammenstricken, 3 Maschen rechts, 2 Maschen rechts überzogen zusammenstricken, 1 Zopf. Ab * 8 x arbeiten. Nach 3 Runden ohne Abnahmen: * 2 Maschen rechts zusammenstricken, 1 Masche rechts, 2 Maschen rechts überzogen zusammenstricken, 1 Zopf. Ab * 8 x arbeiten. Nach 3 Runden ohne Abnahmen: * 2 Maschen wie zum Rechtsstricken abheben, 1 Ma-

den ohne Abnahmen jeweils 2 Maschen rechts überzogen zusammenstricken. Nach 2 Runden alle Maschen mit dem Arbeitsfaden zusammenziehen. Auf die glatt rechts gestrickten Flächen im Abstand von 2 Runden zum Bündchenmuster mit dem dünneren Garn die Stickmotive im Maschenstich aufsticken. Ebenfalls mit dem dünneren Garn in jeder der 4 Farben 4 Noppen häkeln. In die Mitte eines jeden Stickmotives in Kontrastfarbe 2 Noppen setzen: Anfangs- und Endfaden durchziehen und miteinander verknoten. Die übrigen Noppen verteilt einknoten. Für den Zipfel 18 Fäden (ca. 50 cm lang) in Mittelgrau, 1 in Rot, 2 in Mais und 2 in Grün schneiden und zum Zopf flechten. Das Ende verknoten und den Zopf an die Mützenspitze nähen.

sche rechts, die 2 abgehobenen Maschen überziehen, 1 Zopf. Ab * 8 x arbeiten. Nach 3 Runden ohne Abnahmen: * 1 Masche rechts, 1 Masche links, 2 Maschen rechts zusammenstricken, 2 Maschen rechts überzogen zusammenstricken, 1 Masche links. Ab * 8 x arbeiten. Nach 1 Runde ohne Abnahmen: * 1 Masche rechts, 1 Masche links, 2 Maschen rechts zusammenstricken, 1 Masche links. Ab * 8 x arbeiten. Nach 3 Runden ohne Abnahmen jeweils 2 Maschen rechts überzogen zusammenstricken. Nach 3 Run-

Maschenstich

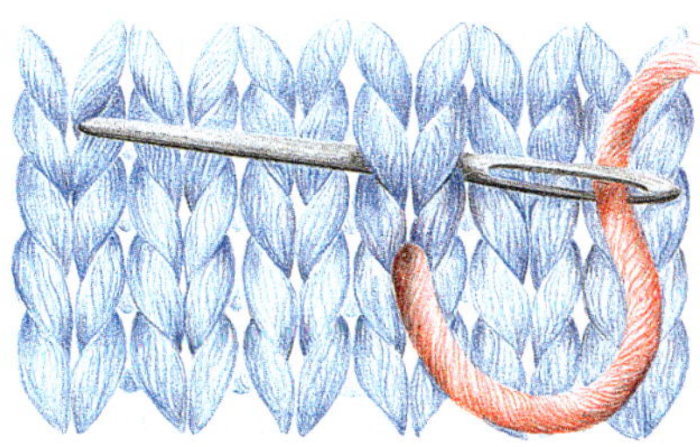

Schal: Mit Stricknadeln Nr. 3,5 in Mittelgrau 71 Maschen anschlagen und zwischen den Randmaschen wie folgt stricken: * 3 Maschen glatt rechts, 3 Maschen glatt links. Ab * fortlaufend wiederholen, enden mit 3 Maschen glatt rechts. Nach 140 cm Gesamthöhe alle Maschen abketten. Die Längskanten mit 1 Reihe fester Maschen umhäkeln. Für die Fransen in Mittelgrau, Rot, Mais, Grün und Weiß jeweils 26 Fäden von 28 cm Länge schneiden. 1 Franse besteht aus je 1 Faden aller Farben. Diese Franse jeweils in die Linksrippe einknüpfen. Einige Noppen häkeln in Rot, Mais, Grün und Weiß und beliebig verteilt einknoten.

Stirnband mit Einstrickmuster

Kopfweite: ca. 50 cm

Das Positiv-Negativ-Muster dieses Stirnbands sieht auch in anderen Farbkombinationen gut aus.

Material
- je 50 g Schachenmayr Extra (Coats; LL 125 m/50 g), marmor (Fb 3551) und feuer (Fb 3519)

Nadeln
- Nadelspiel Nr. 2,5 – 3,5

Maschenprobe
22 Maschen/32 Runden im Einstrickmuster = 10 x 10 cm

Zählmuster

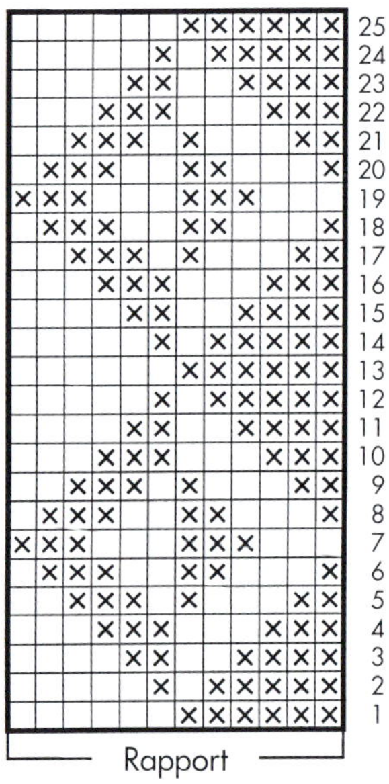

Zeichenerklärung
☐ = 1 Masche feuer
☒ = 1 Masche marmor

Strickmuster
Glatt rechts: In Runden alle Maschen rechts stricken.
Einstrickmuster: Glatt rechts in Norwegertechnik nach dem Zählmuster arbeiten. Den Rapport fortlaufend wiederholen.

So wird's gemacht
Mit einem Kontrastfaden 108 Maschen anschlagen und 3 Runden glatt rechts stricken. In Feuer ca. 12 Runden glatt rechts stricken, dann 9 Runden linke Maschen, 1 Runde glatt rechts und 1 x die 1. – 25. Runde der Strickschrift arbeiten. 9 Runden linke Maschen und 12 Runden glatt rechts stricken. Die offenen Maschen im Maschenstich mit der 1. Runde verbinden, den Kontrastfaden ausziehen. Durch Hinzufügen oder Weglassen eines Musterrapports kann die Kopfweite verändert werden.

Mütze mit Zopfrand

Kopfweite der Mütze: 52 – 56 cm

Diese pfiffige Mütze kleidet junge Mädchen ebenso gut wie Männer. Der breite Zopfrand ist ganz einfach zu stricken.

Material
- 100 g *Schachenmayr Alpina* (*Coats;* LL 90 m/50 g), königsblau (Fb 51)

Nadeln
- Stricknadeln Nr. 4 – 5
- Hilfsnadel Nr. 4 – 5
- Nadelspiel Nr. 4 – 5

Maschenprobe
9 Maschen/12 Reihen = 5 x 5 cm

Strickmuster
Kraus rechts: In Reihen alle Maschen rechts stricken.
Glatt rechts: In Reihen in Hinreihen rechte Maschen, in Rückreihen linke Maschen stricken. In Runden alle Maschen rechts stricken.

So wird's gemacht
Mit einem kontrastfarbigen Faden 24 Maschen anschlagen und in folgender Einteilung stricken:
1. – 12. Reihe: 1 Masche kraus rechts, 20 Maschen glatt rechts, 3 Maschen kraus rechts.
13. Reihe: 1 Masche kraus rechts, die folgenden 10 Maschen auf einer Hilfsnadel vor die Arbeit legen, die nächsten 13 Maschen wie bisher stricken.
14. – 18. Reihe: Über 14 Maschen in der bisherigen Einteilung arbeiten (1 Masche kraus rechts, 10 Maschen glatt rechts, 3 Maschen kraus rechts), dann diese Maschen ruhen lassen. Mit einem Extra-Knäuel über die 10 Maschen der Hilfsnadel 6 Reihen glatt rechts stricken, dann den Faden abschneiden.
19. Reihe: 1 Masche kraus rechts, 10 Maschen glatt rechts, dann die 10 Maschen der Hilfsnadel glatt rechts strikken, 3 Maschen kraus rechts. Nun sind wieder alle 24 Maschen in Arbeit.
20. Reihe (= Rückreihe): 3 Maschen rechts, 20 Maschen links, 1 Masche rechts.
21. – 40. Reihe: In folgender Einteilung stricken: 1 Masche kraus, 20 Maschen glatt rechts, 3 Maschen kraus.
Die 13. – 40. Reihe stets wiederholen. Nach 130 Reihen ab Anschlag die Maschen ruhen lassen. Den Anschlagfaden lösen und Anfang und Ende des Streifens im Maschenstich verbinden. Aus dem rechten Rand mit dem Nadelspiel 88 Maschen auffassen und in Runden rechte Maschen stricken. Für die Abnahmen der Kopfform 8 x jede 11. Masche markieren. In der 8. Runde jede markierte Masche mit der Masche davor rechts zusammenstricken. Dieses Abnehmen noch 6 x in jeder folgenden 2. Runde und 3 x in jeder Runde wiederholen. Die restlichen 8 Maschen mit doppeltem Faden zusammenziehen. Faden vernähen.

Wintergarnitur für Kleinkinder

Größe 98

Rentiere in Jacquardstrickerei schmücken Pullover, Mütze und Stutzen. Dazu paßt eine einfarbige Weste mit Strukturmuster.

Maschenprobe
29 Maschen/34 Reihen bzw. Runden im Jacquardmuster = 10 x 10 cm

Strickmuster
Glatt rechts: In Reihen Hinreihen rechts, Rückreihen links stricken. In Runden nur rechte Maschen stricken.
Kraus rechts: In Reihen Hin- und Rückreihen rechts stricken.
Bündchenmuster: 1 Masche rechts, 1 Masche links im Wechsel stricken.

Zählmuster

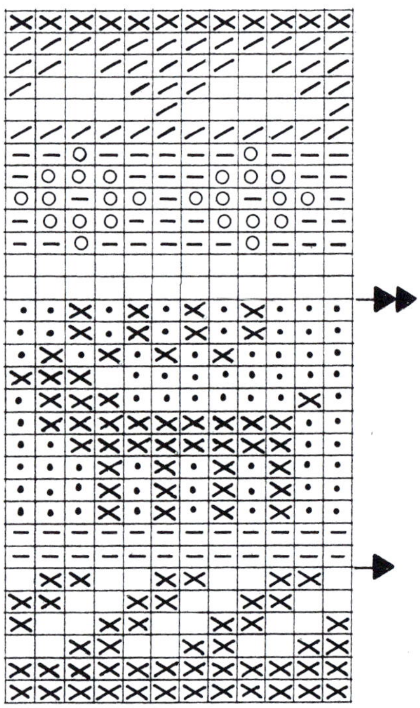

Material
Für Pullover, Mütze und Stutzen:
- *Lambswool 156* (*ONline;* LL 156 m/50 g) in folgenden Mengen und Farben:
  200 g dunkelgrau (Fb 106),
  50 g beige (Fb 101),
  50 g hellblau (Fb 103),
  100 g sand (Fb 102),
  50 g grau (Fb 105),
  50 g weiß (Fb 01)
  Für die Weste:
  100 g *Lambswool 156* (*ONline;* LL 156 m/50 g), weiß (Fb 01)
- 1 Holzknopf

Nadeln
- Stricknadeln Nr. 2,5 und 3
- je 1 Nadelspiel Nr. 2,5 und 3

Jacquardmuster: Glatt rechts in Norwegertechnik nach Zählmuster stricken. Bei Fadenflottungen über mehr als 5 Maschen den nicht gebrauchten Faden auf der Musterrückseite einbinden (siehe Zeichnungen unten). Den Mustersatz in Breite und Höhe fortlaufend wiederholen.

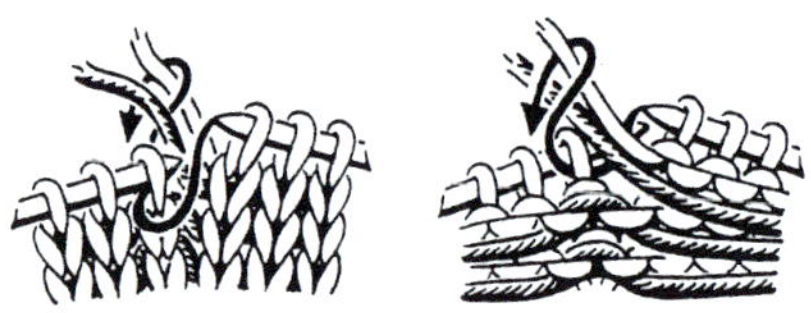

Zeichenerklärung
1 Kästchen = 1 Masche glatt rechts
☒ = dunkelgrau
= beige
⊡ = sand
⊟ = hellblau
⊙ = weiß
⧄ = grau

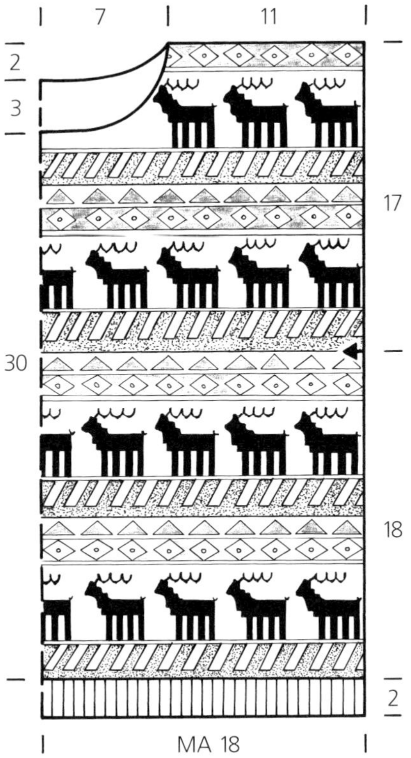

Vorder- und Rückenteil, Hälfte

So wird's gemacht

Pullover: Für das Vorderteil 111 Maschen in Dunkelgrau anschlagen und 2 cm (8 Reihen) im Bündchenmuster stricken. Im Jacquardmuster nach Zählmuster weiterarbeiten. Nach 30 cm (102 Reihen) im Jacquardmuster für den vorderen Halsausschnitt in der Mitte 13 Maschen abketten. Beidseitig in jeder 2. Reihe 3 x 3 Maschen und 5 x 1 Masche abnehmen. In 37 cm Gesamthöhe alle Schultermaschen abketten.

Das Rückenteil genauso stricken, jedoch erst nach 33 cm (112 Reihen) im Jacquardmuster für den hinteren Halsausschnitt in der Mitte 15 Maschen abketten. Beidseitig in jeder 2. Reihe 1 x 6, 1 x 4 und 1 x 3 Maschen abnehmen. In 37 cm Gesamthöhe alle Schultermaschen abketten.

Für die Ärmel jeweils 42 Maschen in Dunkelgrau anschlagen und 2 cm (8 Reihen) im Bündchenmuster stricken. Dann im Jacquardmuster weiterarbeiten. In der 1. Reihe nach dem Bündchen nach jeder 2. Masche 1 Masche rechts verschränkt aus dem Verbindungsfaden herausstricken (= 60 Maschen). Für die Ärmelschrägungen beidseitig 16 x in jeder 4. Reihe 1 Masche zunehmen. Beide Ärmel gleich stricken.

Für die Armausschnittblenden mit dem Nadelspiel jeweils 88 Maschen in Dunkelgrau anschlagen und 2 cm (8 Runden) im Bündchenmuster stricken. Alle Maschen auf einen Faden ziehen. Beide Blenden gleich stricken.

Die Teile zusammennähen. Die Maschen der Ausschnittblenden mit Steppstichen aufnähen.

Mütze: Für die Ohrenteile jeweils 11 Maschen in Dunkelgrau anschlagen und 10 Reihen im Bündchenmuster stricken. Für die Rundung beidseitig in jeder 2. Reihe 1 x 4, 1 x 2 Maschen und 2 x 1 Masche zunehmen. Dann 24 Reihen im Jacquardmuster gerade stricken (beim Pfeil im Zählmuster beginnen). Zwei solcher Ohrenteile stricken.

Dann zwischen den Teilen weitere Maschen in Dunkelgrau anschlagen: am vorderen Rand 45 Maschen, am hinteren Rand 21 Maschen (= 120 Maschen insgesamt). In Runden im Jacquardmuster weiterarbeiten, nur über die neu angeschlagenen Maschen 3 Runden im Bündchenmuster stricken. Der Runden-Übergang liegt in der hinteren Mitte. Nach weiteren 35 Muster-Runden glatt rechts in Dunkelgrau weiterstricken und an 10 gleichmäßig verteilten Stellen 3 Maschen zusammenstricken (2 Maschen zusammen wie zum Rechtsstricken abheben, 1 Masche rechts stricken und die abgehobenen Maschen darüberziehen). Das Abnehmen noch 4 x (in der 39., 43., 45. und 47. Runde) wiederholen. Die Abnehmestellen treffen übereinander. Zuletzt 10 x 2 Maschen rechts zusam-

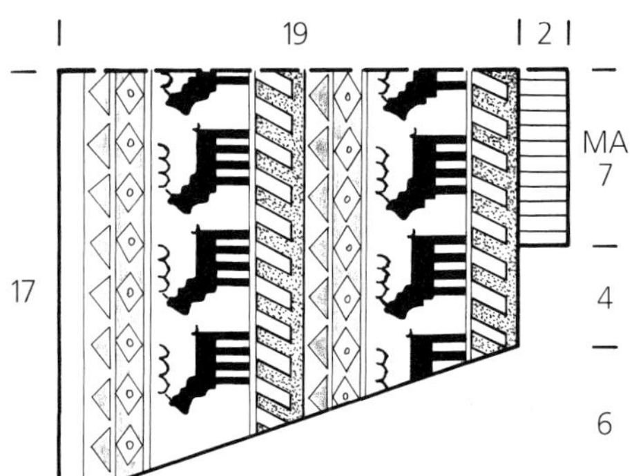

Ärmel, Hälfte

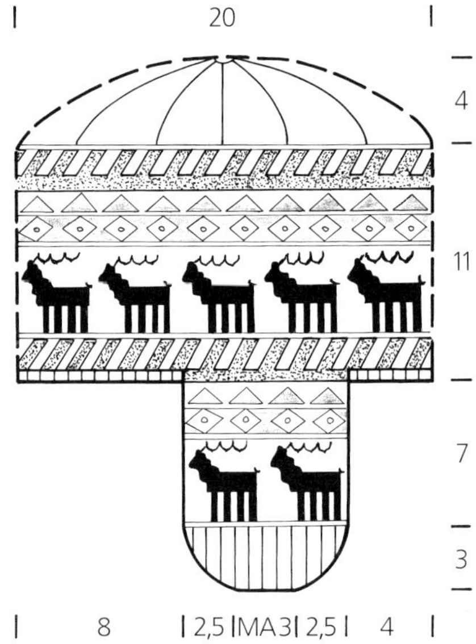

Mütze, Hälfte

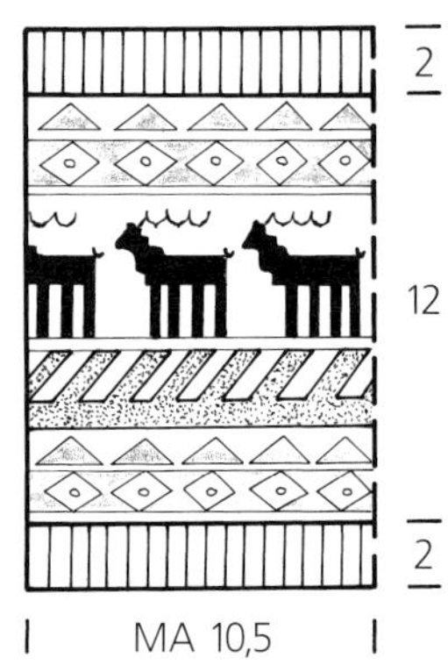

Stutzen, Hälfte

menstricken und die restlichen 10 Maschen zusammenziehen. Aus den Rändern der Ohrenteile von rechts jeweils ca. 75 Maschen in Dunkelgrau aufnehmen und 3 Reihen im Bündchenmuster anstricken.

Stutzen: 62 Maschen in Dunkelgrau anschlagen und 2 cm (8 Reihen) im Bündchenmuster stricken. Dann im Jacquardmuster weiterarbeiten. Beim Doppelpfeil im Zählmuster beginnen. Nach 13 cm (43 Reihen) noch 2 cm in Dunkelgrau im Bündchenmuster stricken. Die Maschen mustergemäß abketten. Die Naht schließen.

Weste: Die beiden Vorderteile gegen-

Vorderes und hinteres Westenteil, Hälfte

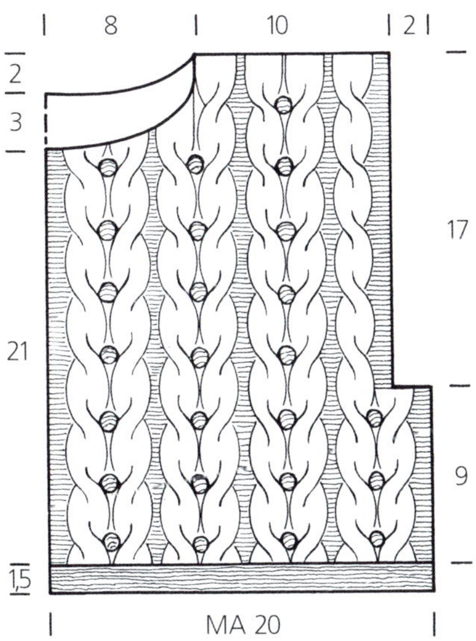

Strickschrift

gleich stricken. Jeweils 45 Maschen anschlagen und 1,5 cm (6 Reihen) kraus stricken. Dann im Zopfmuster (lt. Strickschrift) weiterarbeiten und Knötchenränder stricken. Nach 9 cm für die Armausschnitte 7 Maschen abketten und neben der Knötchenrandmasche 3 Maschen rechts stricken. Für den Halsausschnitt nach 21 cm (78 Reihen) im Zopfmuster 8 Maschen abketten, dann in jeder 2. Reihe 1 x 6, 1 x 4, 1 x 3, 2 x 2 Maschen und 2 x 1 Masche abnehmen. Noch 4 Reihen gerade stricken und die restlichen Maschen abketten. Für das Rückenteil 85 Maschen anschlagen und 1,5 cm (6 Reihen) kraus stricken. Die Armausschnitte wie bei den Vorderteilen arbeiten. Für den Halsausschnitt nach 24 cm (88 Reihen) im Zopfmuster in der Mitte 19 Maschen abketten, beidseitig in jeder 2. Reihe 2 x 5 und 2 x 3 Maschen abnehmen. Nach 26 cm (98 Reihen) im Zopfmuster die Schultermaschen abketten. Für die Ausschnittblende 76 Maschen anschlagen und 5 Reihen kraus stricken. Knötchenränder arbeiten. Dann die Maschen auf einen Faden ziehen. Die Teile zusammennähen. Die Blendenmaschen mit Steppstichen aufnähen. Für den Knopfverschluß 1 Öse anschürzen (siehe Zeichnung). Knopf annähen.

Zeichenerklärung

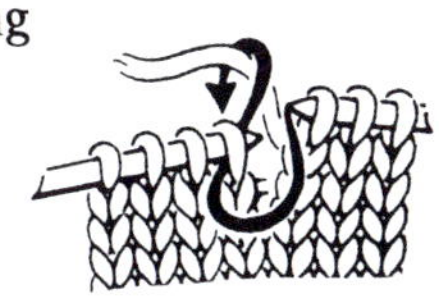

■ = 1 Masche rechts

⊟ = 1 Masche links

■■■/■■■ = 3 Maschen auf einer Hilfsnadel hinter die Arbeit legen, 3 Maschen rechts stricken, dann die 3 Maschen der Hilfsnadel rechts stricken.

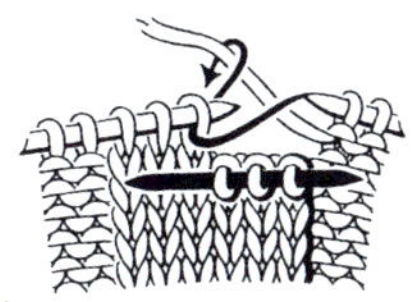

■■■\■■■ = 3 Maschen auf einer Hilfsnadel vor die Arbeit legen, 3 Maschen rechts stricken, dann die 3 Maschen der Hilfsnadel rechts stricken.

N = 1 Noppe: In die Masche einstechen, 2 x abwechselnd 1 Schlinge holen und 1 Umschlag bilden, zuletzt noch 1 Schlinge holen. Die Arbeit wenden, die 5 Maschen rechts stricken, wenden, die 5 Maschen links stricken, wenden, die 5 Maschen rechts stricken, nochmals wenden und die 5 Maschen rechts verschränkt zusammenstricken.

\2/ = aus 1 Masche 2 Maschen herausstricken: Die Masche rechts stricken, noch auf der linken Nadel lassen und die Masche noch einmal rechts verschränkt abstricken. Beide Maschen von der linken Nadel gleiten lassen.

Ballerina-Röckchen für den Teddy

Teddygröße: ca. 18 cm

Die Überraschung ist sicher groß, wenn der Lieblingsbär am Geburtstag oder an Weihnachten im reizenden Ballettröckchen auftritt.

Strickmuster

Glatt rechts: Hinreihen rechts, Rückreihen links stricken.

Material
- 25 g Garn mit 70 % Angora-Anteil (LL 120 m/25 g), weiß oder rosa (stets zweifädig arbeiten)
- 30 kleine Perlen
- 1 m Tüll, 9 cm breit
- 5 kleine Baumwoll-Blüten

Nadeln
- Stricknadel Nr. 2,5
- Häkelnadel Nr. 2,5

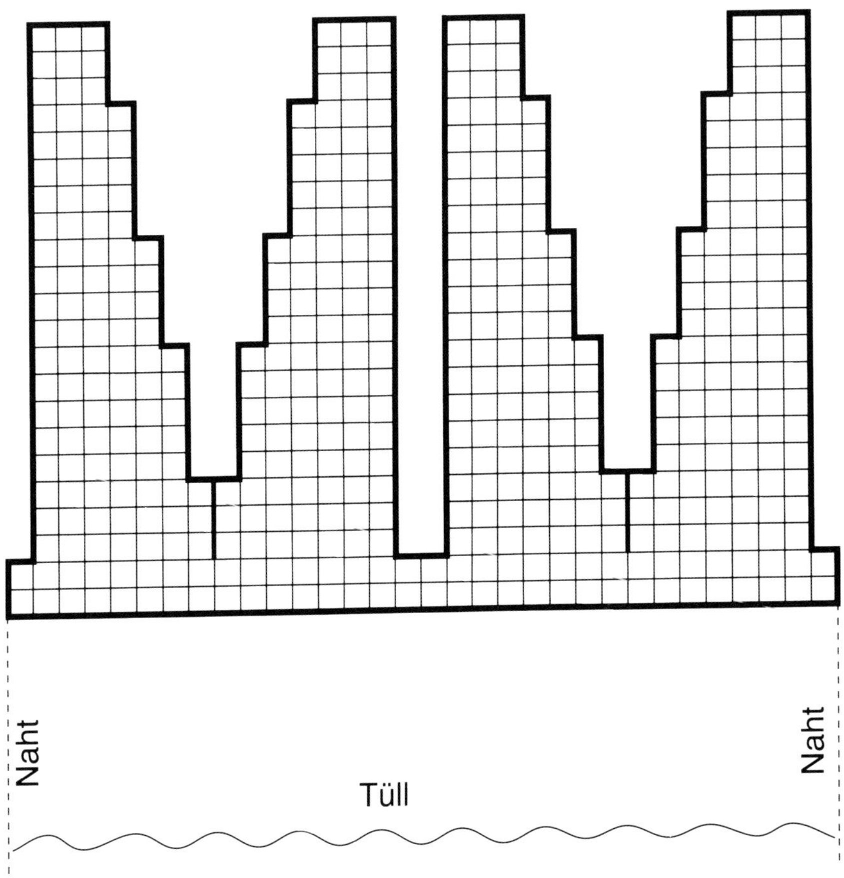

So wird's gemacht

Vorder- und Rückenteil werden an einem Stück gearbeitet: Den Tüll einmal längs falten, so daß er auf einer Breite von 4,5 cm doppelt liegt. Nun den Tüll der Länge nach mit Stecknadeln in kleine Falten (ca. 8 mm) legen, damit eine geraffte Länge von ca. 22 cm entsteht. Am Falz mit der Häkelnadel 32 Maschen aus dem gerafften Tüll heraushäkeln. Diese Maschen auf die Stricknadel legen und 2 Reihen stricken. Nun wird die Arbeit in mehrere Teile aufgeteilt, die jeweils getrennt gestrickt werden (siehe Diagramm):

1. Die 1. Masche abketten.
2. Die folgenden 8 Maschen 20 Reihen hoch stricken und abketten, dabei an der rechten Seite folgende Abnahmen für den Armausschnitt vornehmen: In der 4., 9., 13. und 17. Reihe je 1 Masche abketten.
3. Die nächsten 8 Maschen ebenso arbeiten, jedoch die Abnahmen an der linken Seite vornehmen.
4. Nun die nächsten beiden Maschen rechts zusammenstricken.
5. Siehe Nr. 2.
6. Siehe Nr. 3.
7. Die letzte Masche wie die erste abketten.

Ausarbeitung: Schulternähte und Rückennaht schließen. Den Halsausschnitt mit Krebsmaschen umhäkeln. Die kleinen Perlen gleichmäßig verteilt annähen und die Blüten (3 vorne, 2 hinten) annähen.

Zeichenerklärung

☐ = 1 Masche glatt rechts

FIORETTO
MARZIPAN
Ritter SPORT

❖ Sticken

Lustige Beutel

In solchen Beuteln sammeln amerikanische Kinder an Halloween Süßigkeiten. Bei uns nehmen die fröhlich bestickten Taschen Handarbeits- oder Turnzeug, aber auch Spielsachen oder Wäscheklammern auf.

Material

Für den großen Beutel mit Hexe:
- 42 x 50 cm Baumwollstoff, blau-weiß kariert
- 21 x 26 cm Baumwoll-Zählstoff, blau, 14fädig

Für jeden der kleineren Beutel:
- ca. 50 x 30 cm Baumwoll-Zählstoff, blau, 14fädig

Für alle Beutel:
- Nähgarn, blau
- Sticktwist, siehe Farbtabelle
- Kordel, farblich passend
- 2 Glöckchen (nach Belieben)

So wird's gemacht

Großer Beutel mit Hexe: Sticken Sie das gewählte Motiv zweifädig nach Zählvorlage auf den blauen Stoff. Schlagen Sie die Kanten ein und nähen Sie den bestickten Stoff an den Seitenkanten und an der Unterkante auf den karierten Stoff, so daß eine Tasche entsteht. Dann legen Sie den Karostoff rechts auf rechts zusammen und schließen zusätzlich zum Stoffbruch eine weitere Seitennaht und die Naht an der Unterkante. An der Oberkante arbeiten Sie einen Tunnel, durch den Sie eine Kordel ziehen. An die Enden der Kordel können Sie Glöckchen nähen.

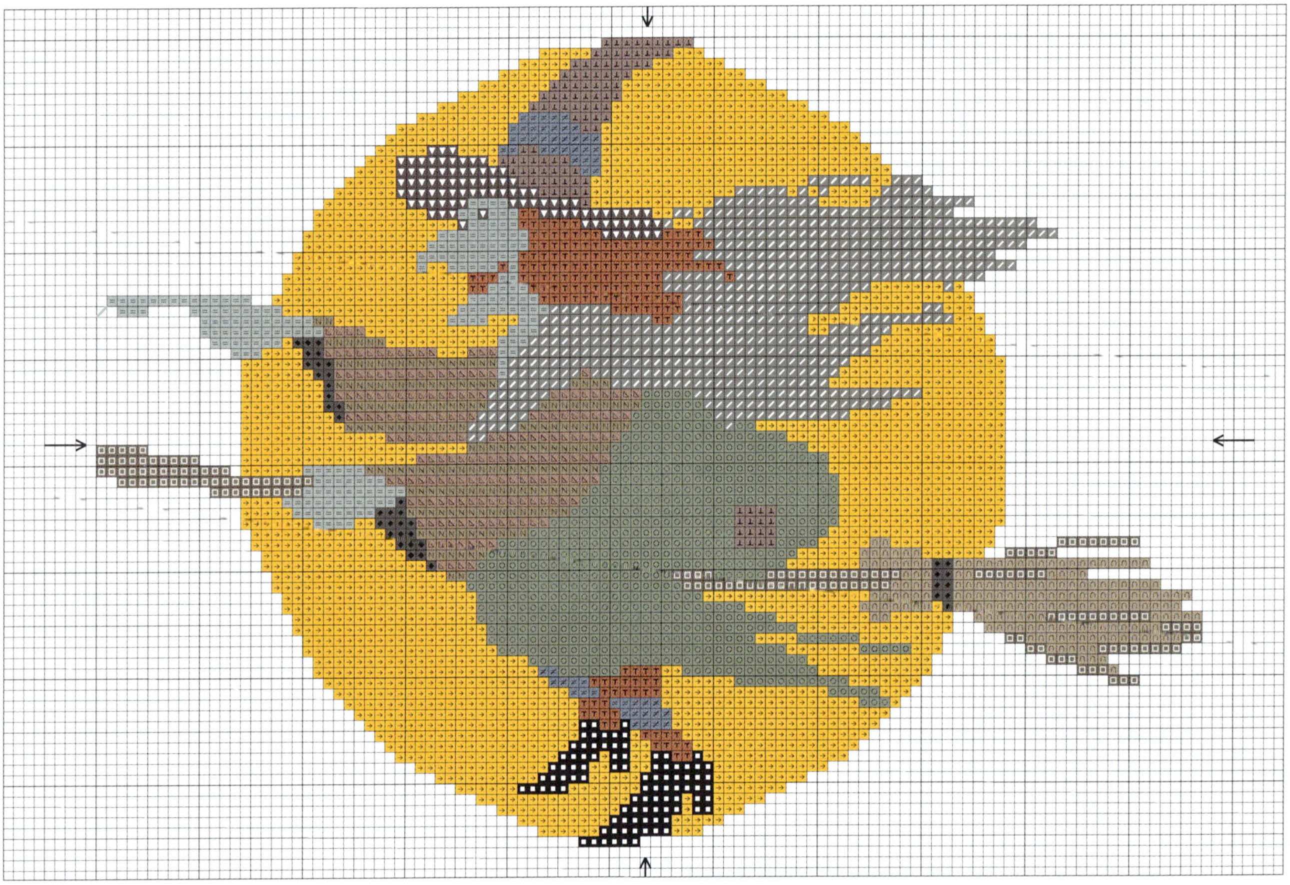

	Anchor	Madeira
→	298	107
N	309	2213
◺	39	507
⊥	78	604
T	46	210
▼	70	514
≠	146	911
=	875	1702
○	256	1411
∩	369	2010
▣	351	2304
◆	380	2005
/	393	1903
□	403	schwarz

Kleine Beutel: Sticken Sie das gewählte Motiv zweifädig nach Zählvorlage auf den blauen Stoff. Anschließend legen Sie den Stoff rechts auf rechts zusammen und schließen zusätzlich zum Stoffbruch zwei weitere Seiten, so daß ein Beutel entsteht. An der Oberkante arbeiten Sie einen Tunneldurchzug, durch den Sie eine Kordel zum Zuziehen des Beutels führen. An den Enden der Kordel können Sie Glöckchen befestigen.

Tip
Diese lustigen Motive schmücken auch viele andere Gegenstände: Kissen, die Vorhänge fürs Kinderzimmer oder Kleidung beispielsweise. Sie können die Stickereien aber auch als Wandbilder rahmen.

Symbol	Anchor	Madeira
S	386	2205
┘	291	106
<	307	2212
□	326	311
T	46	210
L	977	1003
I	242	1212
\	355	2303

Ein Platz für Urlaubsträume

Erinnerungen an die schönsten Tage des Jahres finden in diesen Schachteln Platz. Die stilisierte Windrose symbolisiert Fernweh und Reiselust.

Material

Für die kleinere Schachtel:

- Schachtel, rund, 185 mm Ø, 120 mm hoch *(Van Eeuwen)*
- 60 cm Bezugsstoff
- 29 x 29 cm Stickleinen, 11fädig, écru (*Permin,* Fb 21)

Für die größere Schachtel:

- Schachtel, rund, 230 mm Ø, 160 mm hoch *(Van Eeuwen)*
- 80 cm Bezugsstoff
- 29 x 29 cm Stickleinen, 11fädig, écru (*Permin,* Fb 21)

Für beide Schachteln:

- *DMC*-Sticktwist, siehe Farbtabelle
- Kordel, blau, zum Verzieren (nach Belieben)

So wird's gemacht

Sticken Sie die Windrose mit zweifädigem Garn nach Zählvorlage auf das Leinen. Die Schachteln beziehen Sie nach der Anleitung beim Kartonage-Set mit Stoff. Wenn Sie möchten, können Sie rund um den Ausschnitt der großen Schachtel und um die Oberkante der kleineren Schachtel, die ohne Passepartoutdeckel gearbeitet ist, eine farblich passende Kordel kleben. Sie gibt nicht nur dem Motiv einen attraktiven Rahmen, sondern paßt auch gut zu dem maritimen Thema.

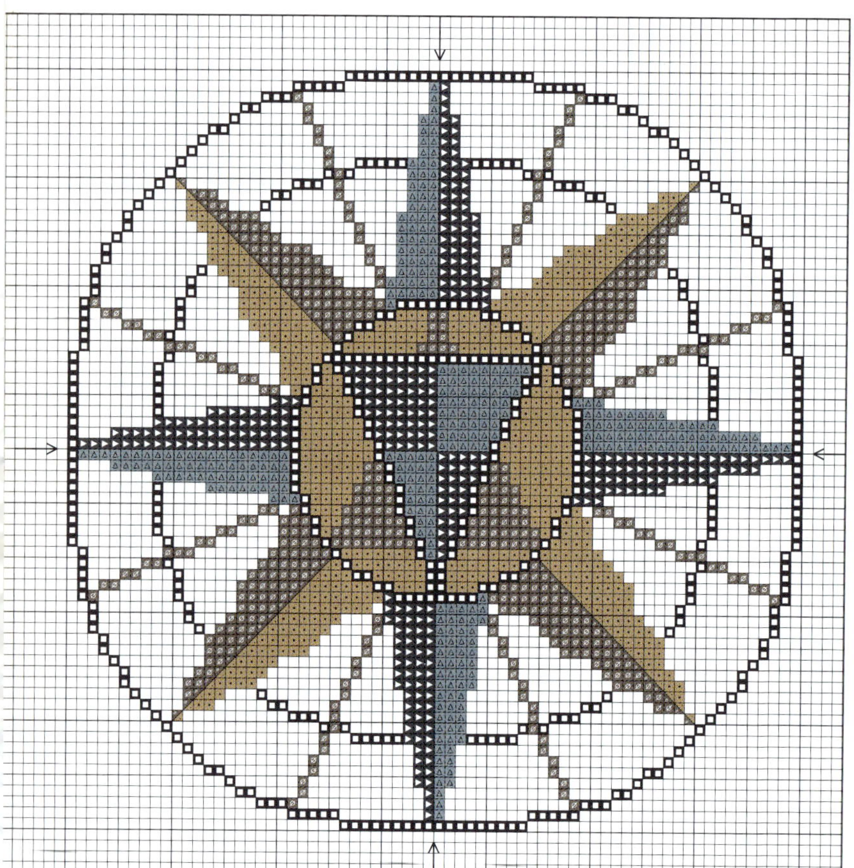

DMC

- △ = 931
- ▶ = 311
- • = 435
- ø = 433
- □ = 823

Star
Uranus
Mars

Schachteln mit Gänsemotiv

Gänse sind als Motiv für Dekorationen in der Küche besonders beliebt. Hier hat der hübsche Bezugsstoff die Anregung für das Gänsepärchen in Kreuzstich geliefert. In diesen Dosen können Sie duftende Kräuter oder Potpourris verschenken.

So wird's gemacht

Sticken Sie die Gänsemotive mit zweifädigem Garn nach Zählvorlage auf das Leinen. Die Schachteln beziehen Sie, wie in der Anleitung zum Schachtelset beschrieben. Verzieren Sie den Deckel nach Belieben: Sie können unter dem bezogenen Deckel eine Rüsche aus gefältelter Baumwollspitze anbringen. Hübsch sieht aber auch Satinband aus, das rund um den Deckel geklebt und zu einer Schleife gebunden wird. Oder Sie umkleben die Oberkante der Schachtel mit weißer Kordel und verdecken die Ansatzstelle mit einem Satinschleifchen. Alle drei Vorschläge sehen Sie rechts abgebildet.

Material

Für die große Schachtel (links oben im Bild):

- Schachtel, rund, 185 mm Ø, 160 mm hoch *(Van Eeuwen)*
- 65 cm Bezugsstoff
- 25 x 25 cm Stickleinen, 11fädig, hellblau (*Permin,* Fb 36)
- Baumwollspitze, weiß, oder Satinband, gelb, zum Verzieren (nach Belieben)

Material

Für die Schachtel mit naturfarbenem Deckel (rechts im Bild):

- Schachtel, rund, 185 mm Ø, 60 mm hoch *(Van Eeuwen)*
- 55 cm Bezugsstoff
- 25 x 25 cm Stickleinen, 12fädig, gebleicht

Für die kleine Schachtel (unten im Bild):

- Schachtel, rund, 140 mm Ø, 60 mm hoch *(Van Eeuwen)*
- 50 cm Bezugsstoff
- 20 x 20 cm Stickleinen, 11fädig, hellblau (*Permin,* Fb 36)
- Kordel und Satinband, weiß, zum Verzieren (nach Belieben)

Für alle Schachteln:

- *DMC*-Sticktwist, siehe Farbtabelle

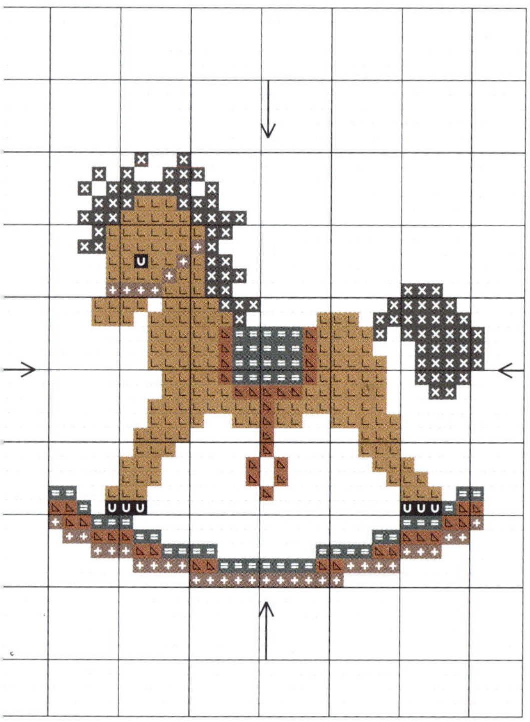

Kindheitserinnerungen

Solche Schachteln sind ein reizendes Geschenk zur Geburt eines Kindes. Darin finden Fotos, aber auch die erste Locke, ausgefallene Milchzähne, das einst so geliebte Schmusetuch und andere Erinnerungen an die ersten Kindertage Platz.

DMC

- ◺ = 321
- + = 815
- L = 780
- ☒ = 898
- = = 909
- U = 310

Material

Für die Schachtel mit Schaukelpferd:

- Schachtel, oval, 195 x 147 mm, 60 mm hoch *(Van Eeuwen)*
- 45 cm Bezugsstoff
- 12 x 12 cm Stickleinen, 12fädig, gebleicht

Für die Schachtel „Unser Kind":

- Schachtel, rechteckig, 160 x 220 mm, 60 mm hoch *(Van Eeuwen)*
- 60 cm Bezugsstoff
- 16 x 20 cm Stickleinen, 12fädig, gebleicht
- Borte, rot, zum Verzieren (nach Belieben)

Für beide Schachteln:

- *DMC*-Sticktwist, siehe Farbtabelle

So wird's gemacht

Sticken Sie die Motive und Wörter mit zweifädigem Garn nach Zählvorlage auf das Leinen. Die Schachteln beziehen Sie, wie in der Anleitung zur Bastelpackung beschrieben. Wenn Sie möchten, können Sie die Stickerei „Unser Kind" mit einer farblich passenden Borte umkleben.

DMC

◸	=	Ecru
■	=	813
V	=	825
▬	=	336
↓	=	972
✱	=	704
◇	=	699
U	=	608
◺	=	321
■	=	823

Holbeinstich

▬ = 310

Topflappen mit Clownmotiv

Ein Topflappen mit diesem fröhlichen Clownmotiv ist ein besonders gelungenes Mitbringsel zu einer Esseneinladung.

Material
- ca. 42 x 22 cm Perl-Aida-Stoff (43 Stiche/10 cm)
- Sticktwist, siehe Farbtabelle
- 20 x 20 cm dünner Schaumstoff
- Nähgarn, weiß
- ca. 10 cm Baumwollband, weiß, 1 cm breit

So wird's gemacht

Legen Sie den Stoff quer zur Hälfte zusammen und markieren Sie die Mittellinie mit Stecknadeln oder einem kontrastfarbigen Faden. Auf die eine Hälfte sticken Sie das Motiv dreifädig. Dann legen Sie den Stoff rechts auf rechts zusammen und schließen zwei Nähte mit 1 cm Nahtzugabe. Fassen Sie dabei das Baumwollband als Aufhänger mit. Wenden Sie den so entstandenen Beutel und schieben Sie den Schaumstoff flach hinein. Schlagen Sie die offenen Kanten der vierten Seite nach innen und schließen Sie die Naht von Hand mit unsichtbaren Stichen. Um den Schaumstoff im Topflappen zu fixieren, steppen Sie 1 cm von der Außenkante entfernt noch einmal alle vier Seiten rundherum ab.

Anchor

= 1	= 44
= 291	= 147
= 330	= 227
= 73	= 189
= 46	= 880
= 47	= 403

Bild „Jongleur“

Nicht nur im Kinderzimmer sorgt der kleine Jongleur für gute Laune.

Material
- 17 x 17 cm Stickleinen, 12fädig, weiß
- Sticktwist siehe Farbtabelle
- 13 x 13 cm Karton (zum Aufziehen)
- Bilderrahmen, quadratisch, ca. 13 x 13 cm, mit Passepartout-Ausschnitt ca. 7 x 7 cm

So wird's gemacht
Sticken Sie das Motiv zweifädig in die Mitte des Leinenquadrates. Die fertige Stickerei bügeln Sie, ziehen sie auf den Karton auf und fixieren sie im Bilderrahmen.

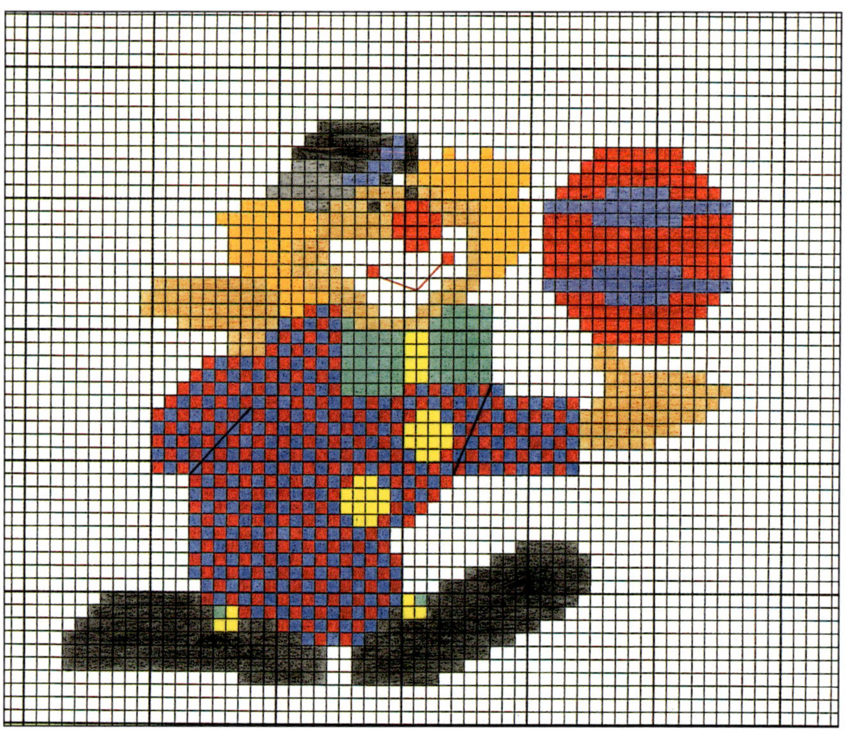

Anchor

- ☐ = 1
- ■ (gelb) = 291
- ■ (orange) = 303
- ■ (rot) = 46
- ■ (hellblau) = 146
- ■ (blau) = 133
- ■ (grün) = 217
- ■ (hellbraun) = 880
- ■ (grau) = 400
- ■ (schwarz) = 403

Lätzchen

Mit diesen Lätzchen schmeckt der Brei gleich doppelt so gut.

Material
- Lätzchen mit 6 cm hohem Aida-Streifen *(Sänger-Leinen)*
- Sticktwist-Reste in verschiedenen Blautönen

So wird's gemacht
Sticken Sie die gewünschten Motive dreifädig auf die Aida-Streifen der Lätzchen.

Sets und Servietten

Überraschen Sie besonders liebe Freunde mit grafisch gestalteter Tischwäsche. Sets, Servietten und Serviettentaschen gibt es in Hellblau, Weiß und Blaugrau fertig zu kaufen.

Material
Für eine Garnitur:
- 1 Set, 43 x 35 cm
- 1 Serviette, 35 x 35 cm
- 1 Serviettentasche, 26 cm lang (alle Produkte: *Sänger-Leinen*)
- Sticktwist in passenden Blau- und Grautönen

So wird's gemacht
Sticken Sie das quadratische Grundmotiv (15 x 15 Kreuzstiche) beliebig oft sechsfädig auf Set, Serviette und Serviettentasche. Durch differenzierte Farbanordnung erzielen Sie zusätzlich interessante optische Effekte.

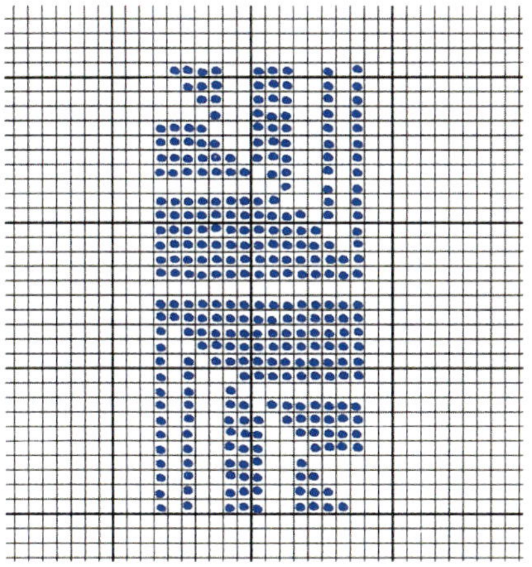

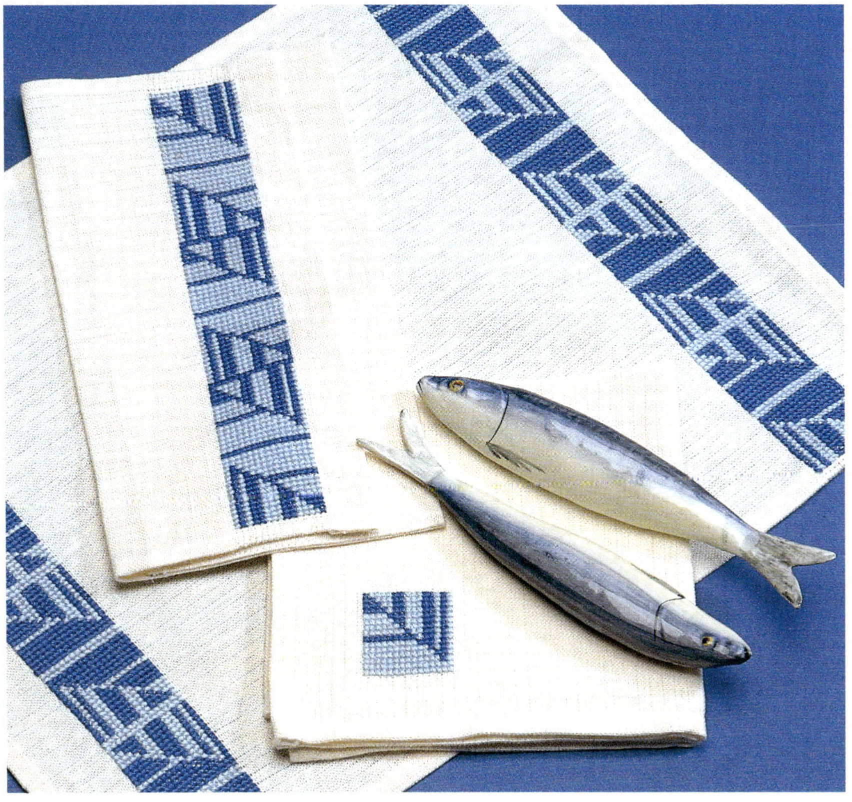

Duftsäckchen und Geschenkbeutel

Verschenken Sie diese rustikalen Säckchen mit Lavendelblüten gefüllt – oder verwenden Sie eines davon als ausgefallene Verpackung für ein wertvolles Schmuckstück.

Material
Für ein blaues Säckchen:
- ca. 25 x 17 cm Baumwollstoff, blau weiß gemustert
- 17 cm Leinenband, 3 cm breit, 12fädig
- *Anchor*-Sticktwist Nr. 133 *(Coats)*

Für das weiße Säckchen:
- 40 cm Leinenband, 10 cm breit, 10fädig, mit dunkelblauem Rand
- *DMC*-Sticktwist Nr. 312

Für alle Säckchen:
- Nähgarn, farblich passend
- Kordel oder Band zum Abbinden

So wird's gemacht

Für die blauen Säckchen sticken Sie die jeweilige Bordüre mittig auf das Leinenband. Dann nähen Sie das Band auf den Baumwollstoff. Schließen Sie die Seitennähte und säumen Sie die Oberkante. Nun wenden Sie das Säckchen, füllen es und binden es mit Kordel oder Schmuckband ab.

Für das weiße Säckchen legen Sie das Leinenband quer zur Hälfte zusammen und sticken die Bordüre 1 bis 2 cm oberhalb der Mittellinie auf. Legen Sie das Band rechts auf rechts und steppen Sie die Seitennähte knappkantig ab. Weiter verfahren Sie wie bei den blauen Säckchen.

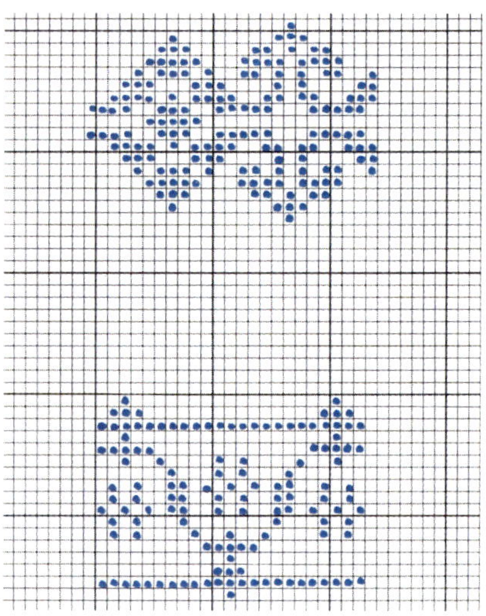

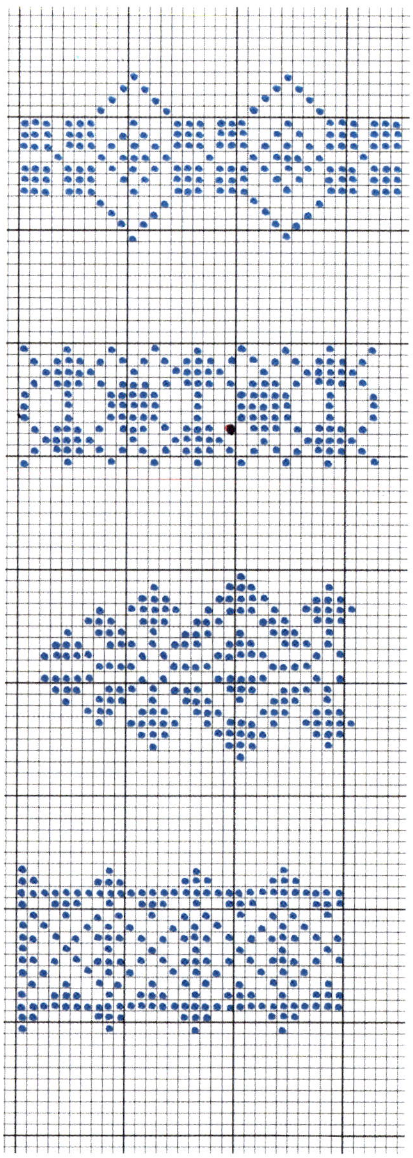

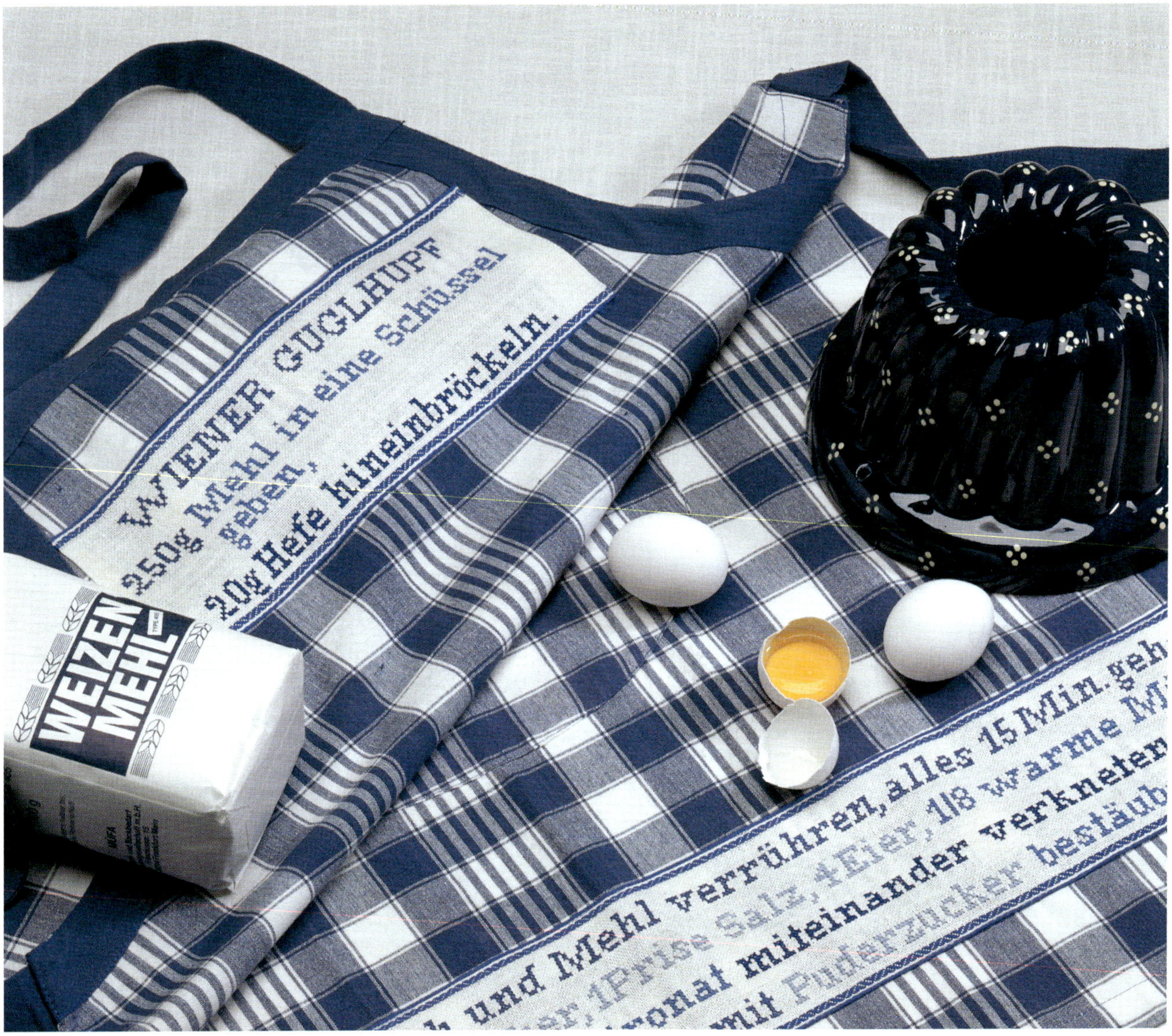

Guglhupf-Schürze

Wer diese Schürze von Ihnen geschenkt bekommt, ist um einen Sonntagskuchen nie mehr verlegen, denn das Rezept haben Sie gleich aufgestickt.

Material
- 1 Latzschürze mit blau-weißem Karo
- 110 cm Leinenband, weiß mit blauer Kante, 10fädig, 11 cm breit *(Rüsing)*
- Sticktwist in verschiedenen Blautönen (Reste)
- Nähgarn, weiß

So wird's gemacht

Sticken Sie das Rezept nach Zählvorlage dreifädig in beliebigen Blautönen auf das Leinenband. Der obere Teil ist 30 cm, der untere 69 cm lang. Die fertig bestickten Bänder nähen Sie auf die Schürze auf.

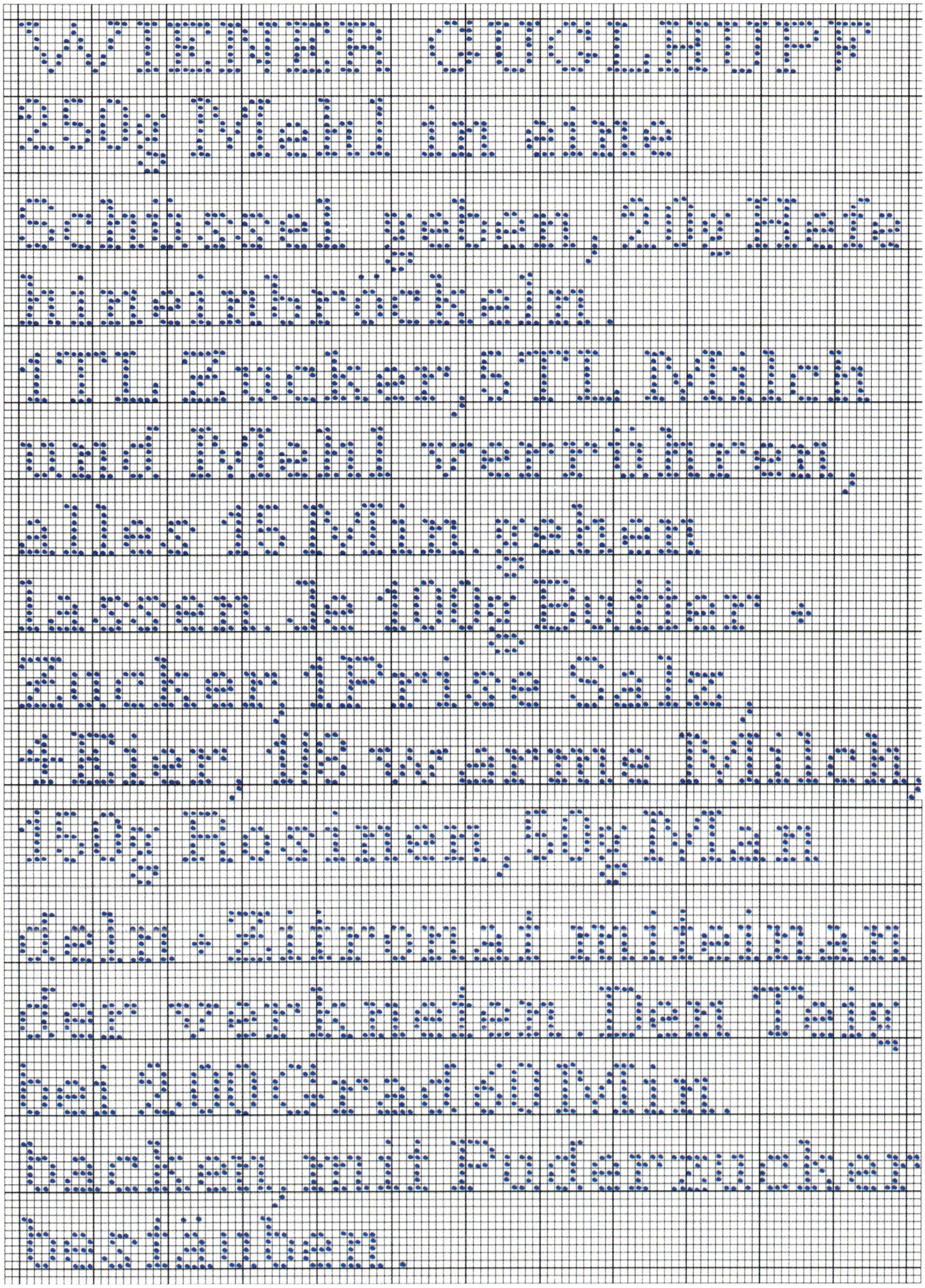
WIENER GUGLHUPF
250g Mehl in eine
Schüssel geben, 20g Hefe
hineinbröckeln.
1TL Zucker, 6TL Milch
und Mehl verrühren,
alles 15 Min. gehen
lassen. Je 100g Butter +
Zucker, 1 Prise Salz,
4 Eier, 1/8 warme Milch,
150g Rosinen, 50g Man
deln + Zitronat miteinan
der verkneten. Den Teig
bei 200 Grad 60 Min.
backen, mit Puderzucker
bestäuben.

❖ Nähen

Kariertes Seidentäschchen

Größe: ca. 13 x 8 cm

Ein Täschchen für Lippenstift, Kamm und Puderdose kann jede Frau brauchen. Dieses hier ist aus selbstgefärbter Seide genäht. Ein weiteres Beispiel finden Sie auf Seite 74.

Material
- Seidenreste in verschiedenen Rosa-Schattierungen
- 15 x 18 cm Vlieseinlage H 180
- 15 x 18 cm feiner Batist als Futter
- Reißverschluß, beige, 14 cm
- Nähgarn, farblich passend
- Quiltgarn, weiß

So wird's gemacht

Bügeln Sie die Seide auf die Vlieseinlage und schneiden Sie 5 Streifen à 3 x 40 cm zu.

Die Streifen nähen Sie der Länge nach zusammen und wechseln dabei stets zwischen hellen und dunklen Streifen ab. Schneiden Sie das so entstandene Stück Stoff quer zu den Streifen in 7 Streifen mit je 3 cm Breite. Diese Streifen nähen Sie farblich versetzt wieder zusammen. Die fertige Oberseite mißt 14 x 8 cm. Die Rückseite setzen Sie aus den verbleibenden Querstreifen beliebig in gleicher Größe zusammen. Quilten Sie die Karos im Schatten der Naht. Die Querstreifen auf der Rückseite quilten Sie mit der Maschine.

Verbinden Sie Vorder- und Rückseite mit dem Reißverschluß. Der Reißverschluß läßt sich besser einnähen, wenn die Nähte an den Seiten und am Boden noch nicht geschlossen sind. Dann legen Sie Vorder- und Rückseite rechts auf rechts, steppen Seiten und Boden ab, versäubern die Nähte und wenden das Täschchen.

Schließen Sie die Seitennähte des Futters und setzen Sie das Futter links auf links in das Täschchen ein. Mit kleinen Handstichen nähen Sie das Futter am Reißverschluß fest.

Den Reißverschlußschieber können Sie nach Belieben mit Seidenresten verzieren.

Tip

Wenn Sie öfters solche Täschchen verschenken möchten, kaufen Sie am besten Reißverschluß als Meterware mit entsprechend aufgezogenen Schiebern. So sind Sie an kein bestimmtes Maß gebunden.

Schwarze Abendtasche mit bunten Seidenschnüren

Größe: ca. 27 x 20 cm

Ein Geschenk für Frauen mit exklusivem Geschmack ist diese Abendtasche aus schimmernden schwarzen Stoffen mit einem Dekor aus farbenprächtigen Seidenschnüren.

Material
- 30 x 60 cm Chiffon, schwarz
- 30 x 60 cm Duchesse, schwarz
- 30 x 60 cm Futterstoff, schwarz
- 60 x 60 cm Vlieseinlage H 640
- Seidenschnüre Pongé 08 in verschiedenen Farbnuancen (naturweiß zum Selbstfärben oder bereits gefärbt im Hobbyfachhandel erhältlich)
- 250 cm Seidenschnur, schwarz
- 2 kleine Druckknöpfe, schwarz
- Nähgarn, schwarz

So wird's gemacht
Schneiden Sie die Stoffe folgendermaßen zu (die Nahtzugabe von 1,5 cm ist bereits enthalten):
– Chiffon: 4 Streifen à 5 x 56 cm,
– Duchesse: 5 Streifen à 5 x 56 cm,
– Futter: 30 x 56 cm.
Bügeln Sie die Vlieseinlage nach Herstellerangabe auf Chiffon und Duchesse auf.
Sortieren Sie die Seidenschnüre nach Farben (hier: Rot-, Grün-, Braun- und Blautöne). An der linken Kante der Chiffonstreifen nähen Sie jeweils die Seidenschnüre eines Farbtons mit der Maschine auf. Der Abstand variiert zwischen 1 und 3 cm. Die rechte Seite steppen Sie ebenfalls ab und schneiden die Schnüre ab (Zeichnung a/b). Setzen Sie die Duchesse- und Chiffonstreifen abwechselnd zuammen. Dann legen Sie Oberseite und Futter rechts auf rechts, stecken oder heften beides zusammen und steppen die Stoffe knapp 1 cm breit ab. Lassen Sie dabei 10 cm zum Wenden offen. Wenden Sie die Tasche auf rechts, und schließen Sie die Öffnung mit kleinen, unsichtbaren Handstichen. Klappen Sie den unteren Teil 17 cm breit nach oben und nähen Sie die Seiten mit der Hand zusammen (siehe Zeichnung).
Drehen Sie eine ca. 250 cm lange schwarze Seidenschnur zur Kordel, und nähen Sie sie rechts und links an den Innenseiten der Tasche an. Nähen Sie die Druckknöpfe als Verschluß ein.

Nähplan

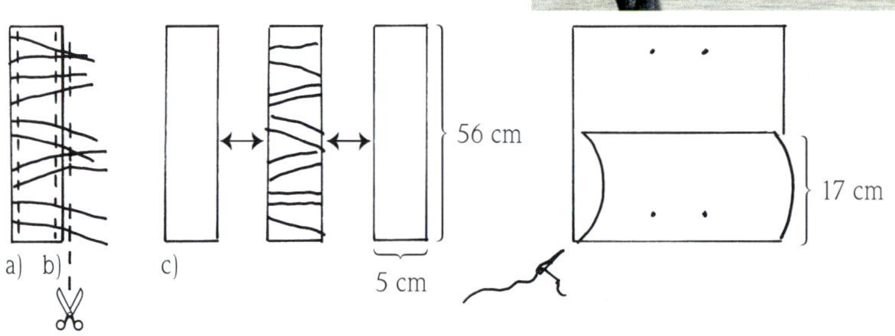

Gestreiftes Täschchen

Größe: ca. 12 x 9 cm

Ein Täschchen wie dieses ist im Handumdrehen genäht und bereitet zum Beispiel einem Mädchen viel Freude, das darin kleine Schätze aufbewahren kann.

Material
- Seidenstreifen in verschiedenen Farben (hier: orange, blau, türkis)
- 14 x 20 cm feiner Batist als Futter
- 14 x 20 cm Vlieseinlage H 180
- Reißverschluß, 12 cm
- Nähgarn, farblich passend

So wird's gemacht

Bügeln Sie die Seide auf die Vlieseinlage und schneiden Sie daraus Streifen in verschiedenen Breiten (2 – 4 cm) und 20 cm Länge. Diese Streifen nähen Sie in beliebiger Farbfolge zusammen. Die fertig genähte Oberseite des Täschchens sollte 14 x 20 cm groß sein. Das Futter nähen Sie verstürzt ein, setzen den Reißverschluß ein und schließen die Seitennähte.

Sternkissen mit Weihnachtsmotiven

Größe: 40 x 40 cm

Amerikanische Patchworkstoffe mit niedlichen Weihnachtsmotiven wurden hier zu einem Kissen mit dem klassischen „Ohio Star" zusammengesetzt. Ein Weihnachtsgeschenk der Extraklasse!

Material
(Alle Stoffe liegen 90 cm breit.)
- 15 cm Baumwollstoff, weißgrundig
- 15 cm Baumwollstoff, grüngrundig
- 25 cm Baumwollstoff, rotgrundig
- 45 cm Baumwollstoff, weißgrundig mit kleinem Flächenmuster
- Nähgarn, weiß
- 1 Kissenfüllung, 40 x 40 cm

So wird's gemacht

Schneiden Sie die Teile 1, 2 und 3 gemäß den originalgroßen Musterzeichnungen auf Seite 77 zu:

- 8 x Teil 1, weißgrundig;
- 4 x Teil 1, grüngrundig;
- 4 x Teil 2, grüngrundig;
- 1 x Teil 3, weißgrundig;
- 4 x Teil 4, grüngrundig;
- 4 Streifen, rotgrundig, 31,2 x 11,2 cm
- 4 Quadrate, weißgrundig kleingemustert, 11,2 x 11,2 cm;
- 1 große rückwärtige Kissenplatte, 42 x 30,5 cm;
- 1 kleine rückwärtige Kissenplatte, weißgrundig kleingemustert, 42 x 22,5 cm.

Achtung: 6 mm Nahtzugabe sind in den Maßen bereits berücksichtigt. Halten Sie die Nahtzugaben äußerst genau ein, damit die Teile auch wirklich zusammenpassen.

Nähen Sie zunächst das Quadrat mit dem Stern für die Mitte des Kissens: Dafür nähen Sie die Stoffstücke erst streifenweise entsprechend der Zeichnung zusammen und verbinden diese größeren Teile zum Quadrat. Links und rechts davon steppen Sie jeweils einen roten Streifen an. Für die Ober- und Unterkante steppen Sie an Anfang und Ende eines roten Streifens jeweils ein hellgrundiges Quadrat an und nähen diese Streifen an das Mittelteil. Bügeln Sie die vordere Kissenplatte von links und bügeln Sie dabei die Nahtzugaben nach Möglichkeit zum dunkleren Stoff hin.

Für die rückwärtige Kissenplatte falten Sie jeweils an einer der 42 cm langen Seiten beider Teile einen 2,5 cm breiten doppelten Saum und steppen ihn. Legen Sie die größere Kissenplatte links auf rechts auf die kleinere, so daß die beiden Teile einander an den gesäumten Kanten um einige Zentimeter überlappen und zusammen die gleiche Größe wie die vordere Kissenplatte haben. Verbinden Sie die beiden Teile, indem Sie entlang der Saumkante, die später auf der rechten Seite obenauf liegt, etwa 5 cm in Richtung Mitte und zurück steppen.

Legen Sie beide Kissenplatten rechts auf rechts aufeinander, und steppen Sie die Kanten mit 1 cm Nahtzugabe zusammen. Schließlich wenden Sie den Bezug, bügeln ihn und schieben die Kissenfüllung hinein.

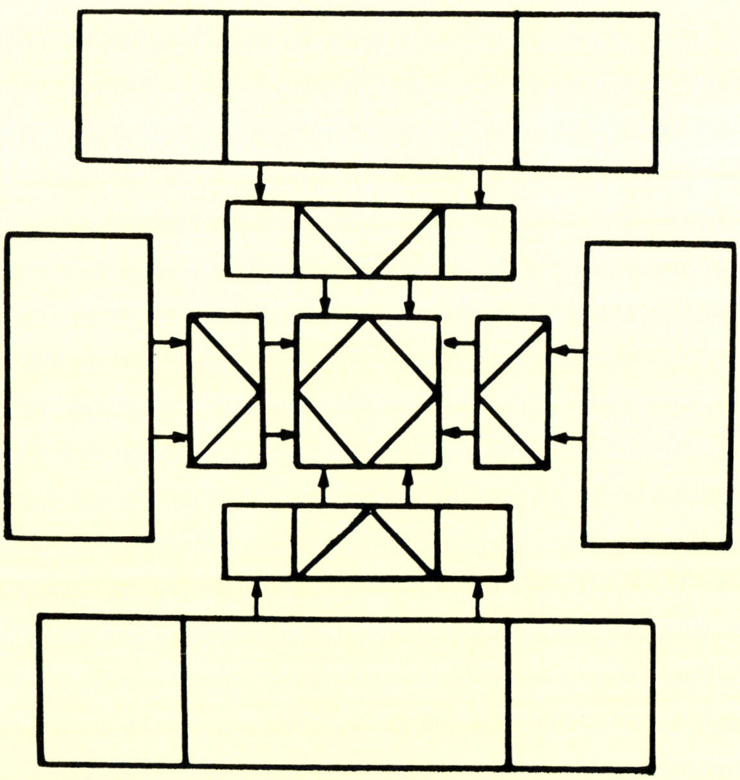

Nähschema

Tip

Besonders schön und plastisch wirkt das Sternenmotiv, wenn Sie die vordere Kissenplatte mit dünnem Volumenvlies und einem gleich großen Stück einfarbigem Baumwollstoff hinterlegen, alle drei Teile zusammenheften und in den Nähten mit winzigen Vorstichen quilten. Danach wird das Kissen verarbeitet, wie oben beschrieben.

Wer viel Geduld hat, kann aus 12, 15, 18 oder 20 Sternenquadraten auch eine sehr dekorative Quilt-Decke nähen.

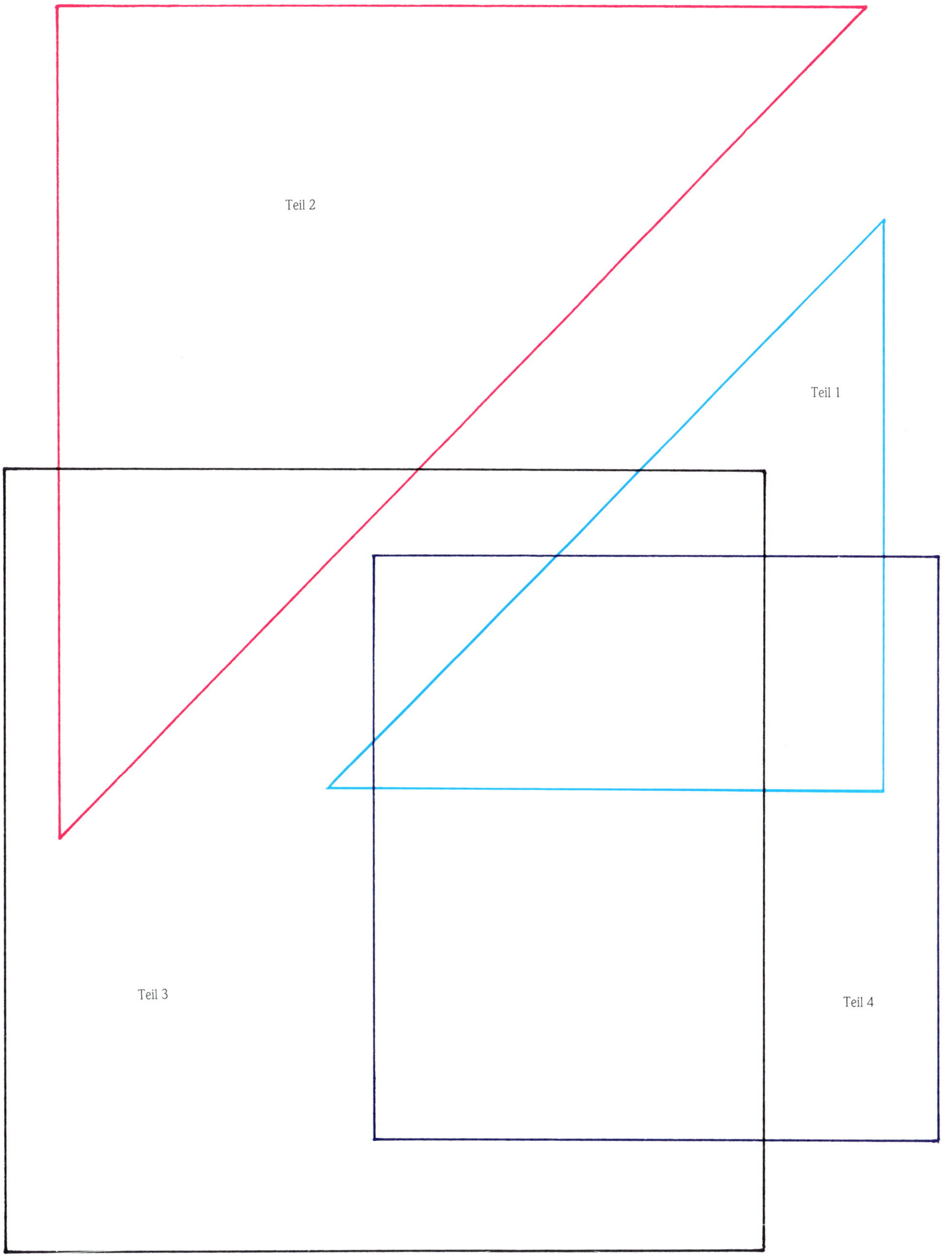
Teil 2
Teil 1
Teil 3
Teil 4

Schleifenkissen

Größe: ca. 54 x 36 cm

Sonst schmückt eine üppige Schleife das Geschenk – hier ist sie selbst das Präsent: ein Kissen in Schleifenform, das auch für Ungeübte leicht und schnell nachzuarbeiten ist.

Material
- 40 cm Chintz, bunt gemustert, 140 cm breit
- 25 x 70 cm Batist, uni grün
- Nähgarn, farblich passend
- Kunstfaser-Füllwatte

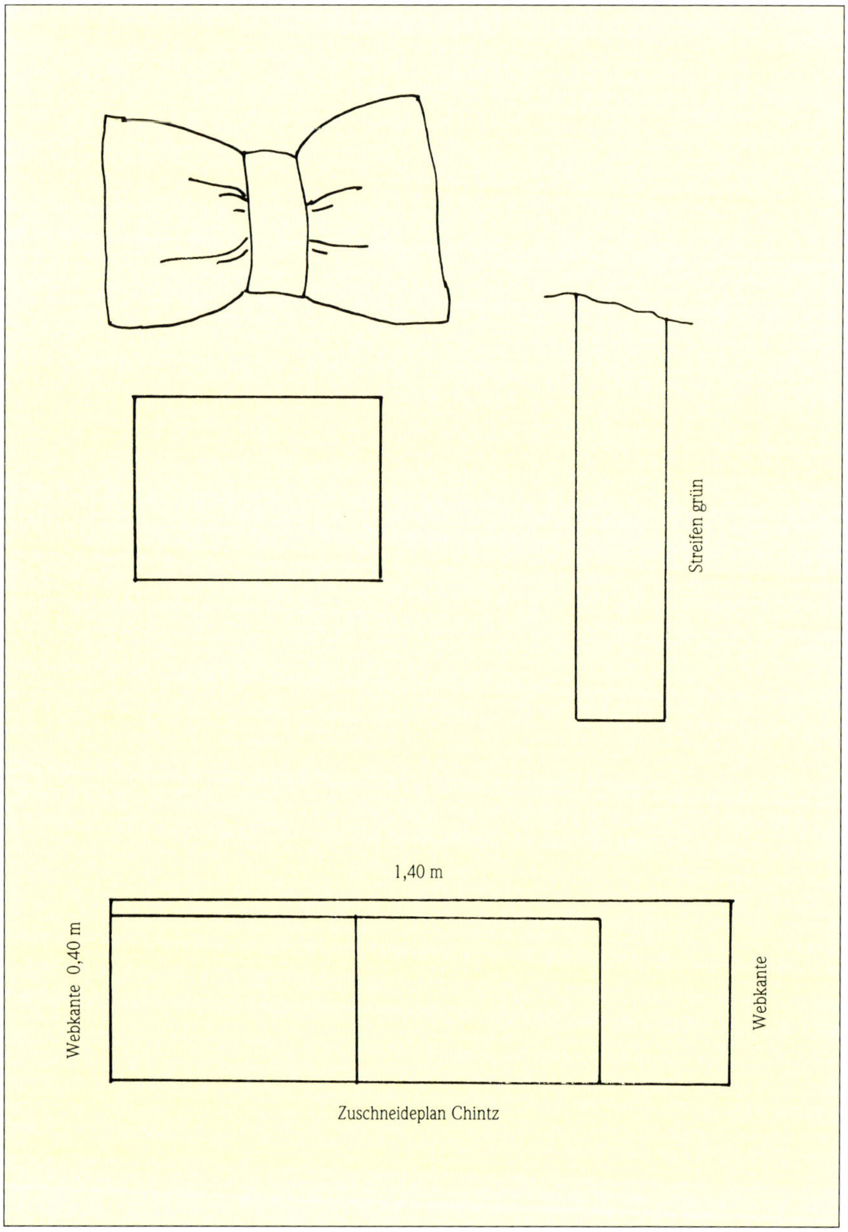

So wird's gemacht
Schneiden Sie 2 x die Kissenplatte aus Chintz in der Größe 56 x 38 cm sowie 1 x die „Bauchbinde“ aus Batist in der Größe 20 x 31 cm zu.
Legen Sie die vordere und die rückwärtige Kissenplatte rechts auf rechts und nähen Sie sie entlang der Schnittkanten zusammen. Lassen Sie dabei ein Stück Naht zum Wenden und Ausstopfen des Kissens offen. Wenden Sie den Bezug, bügeln Sie die Nähte aus, und bügeln Sie dabei gleich die Nahtzugabe an der offenen Stelle nach innen, damit sich die Naht später leichter schließen läßt.
Für die „Bauchbinde“ falten Sie den grünen Stoff der Länge nach auf die Hälfte zusammen, bügeln ihn und steppen ihn an der Längsseite zum Schlauch zusammen. Wenden Sie den Schlauch und bügeln Sie die Naht aus. Die schmalen, noch offenen Enden legen Sie übereinander und verbinden sie mit einer Kappnaht.
Den fertigen Bezug füllen Sie weich mit Kunstfaser-Füllwatte und schließen die Öffnung mit Matratzenstichen. Ziehen Sie den grünen Stoffring über das Kissen und bringen Sie es in Form.

Basteln
Geschenkschachtel mit Weihnachtsstern

Mehr als eine einfache Verpackung ist diese auffallend dekorierte Schachtel. Die Weihnachtssterne sind in der beliebten Artischockentechnik gestaltet. Die Schachtel nimmt nach dem Fest zum Beispiel Christbaumschmuck oder Weihnachtskarten auf.

Material
- 110 cm Band, rot, 4 cm breit
- 110 cm Band, grün, 4 cm breit
- gelbe Blütenstempel
- 40 cm Steckdraht, 2 mm Ø
- Schachtel mit Weihnachtsmotiven
- Kreppband, grün
- Bindedraht
- Heißkleber

So wird's gemacht
Zunächst schneiden Sie die Bänder zu und falten sie (Erklärung der Techniken auf Seite 82/83):
– 6 x 8 cm rotes Band, Technik 7;
– 5 x 12 cm rotes Band, Technik 7;
– 9 x 12 cm grünes Band, Technik 7.

Sie formen neun grüne Blätter, binden sie mit Bindedraht ab und umwickeln die „Stiele" mit Kreppband. Die elf roten Blätter falten Sie ebenfalls und binden sie mit Draht ab. Für die große Blüte binden Sie die gelben Blütenstempel mit Draht zusammen, ordnen drei kleine rote Blätter an und binden diese mit Draht fest. Darauf folgen fünf große rote Blätter, die, gleichmäßig angeordnet, mit Draht befestigt werden. Fixieren Sie die Blüte an 13 cm Steckdraht und umwickeln Sie den ganzen Stiel mit Kreppband. Dann legen Sie fünf grüne Blätter gleichmäßig um die Blüte und umwickeln das untere Ende nochmals mit Kreppband.
Die kleine Blüte wird nach dem gleichen Schema hergestellt, allerdings ohne die großen roten Blätter. Das letzte grüne Blatt und die kleine Blüte werden am großen Blütenstiel befestigt. Dann umwickeln Sie den Stiel noch einmal mit Kreppband. Biegen Sie den Weihnachtsstern in Form und kleben Sie ihn auf dem Deckel der Schachtel fest.

Falttechniken

Wichtigstes Element der Artischockentechnik sind die gefalteten Bandabschnitte. Dabei lassen sich mit verschiedenen Falttechniken ganz unterschiedliche Effekte erzielen. Die Angaben in den Anleitungen zu den einzelnen Modellen beziehen sich auf die Numerierung im folgenden Abschnitt. Für die Techniken 1 und 2 ist jeder Bandabschnitt doppelt so lang wie breit. Das bedeutet, daß von einem 40 mm Band Stücke von 80 mm Länge abgeschnitten werden.

= Rückseite des Bandes

= Vorderseite des Bandes

Technik 1
Die Rückseite des Bandes ist zu sehen. Das Band quer zur Hälfte falten, um die Mitte zu bestimmen, und wieder öffnen. Die beiden Ecken zur Mitte hin falten.

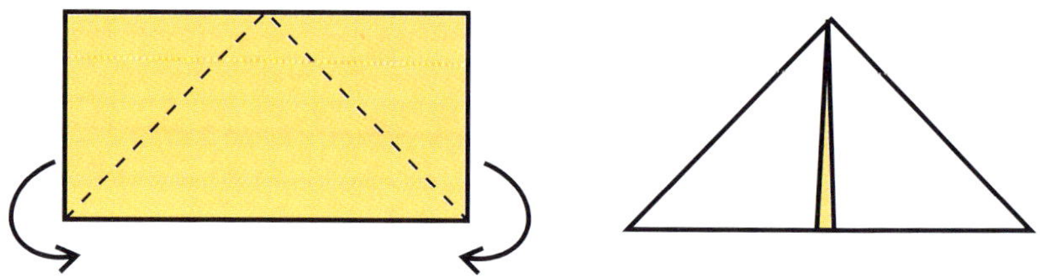

Technik 2
Die Vorderseite des Bandes ist zu sehen. Das Band quer zur Hälfte falten, um die Mitte zu bestimmen. Die beiden Ecken nach hinten zur Mitte falten.

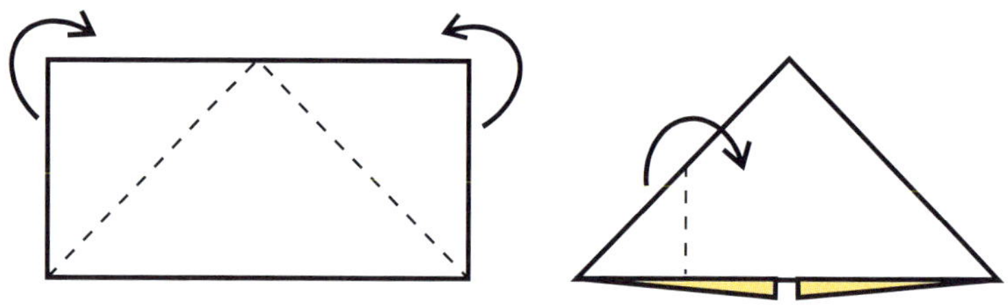

Technik 3
Der Bandabschnitt ist so lang, wie beim jeweiligen Modell angegeben. Das Band wird der Länge nach gefaltet.

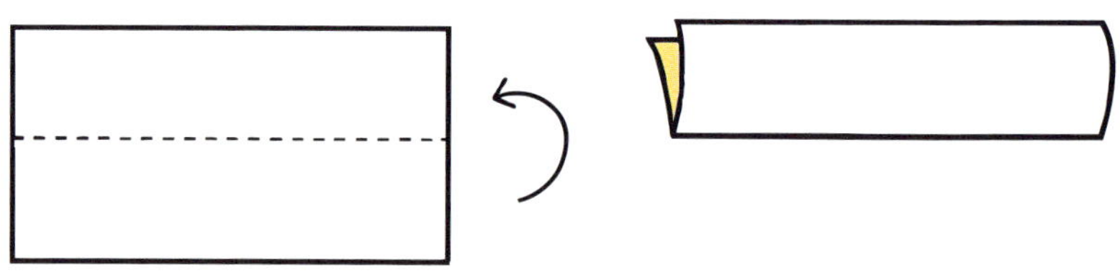

Technik 4
Der Bandabschnitt ist doppelt so lang wie breit (oder so lang, wie beim jeweiligen Modell angegeben), die Rückseite des Bandes ist zu sehen. Das Band wird einfach quer zur Hälfte gefaltet.

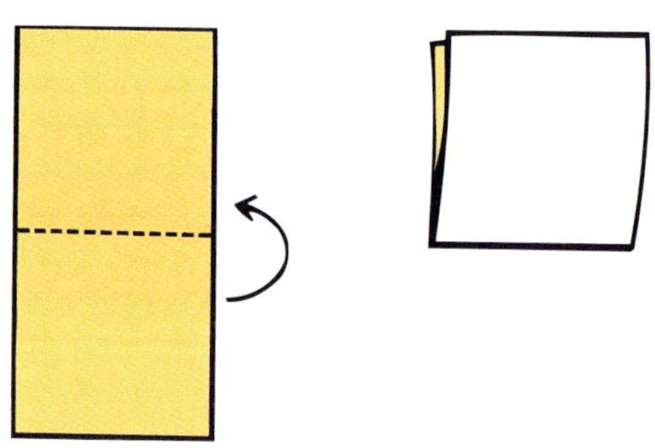

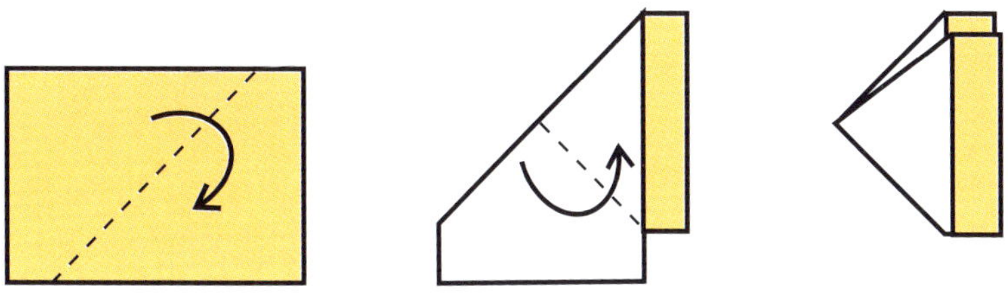

Technik 5

Der Bandabschnitt ist etwa 1 cm länger als breit. Die Rückseite ist zu sehen. Zunächst die linke obere Ecke nach unten schlagen, so daß das Band unten und rechts gleich weit über das gefaltete Dreieck hinaussteht. Anschließend die Form diagonal zur Hälfte zusammenlegen, wie in der Abbildung gezeigt.
Bei dieser Faltung hat die Schuppe besonders viel Volumen.

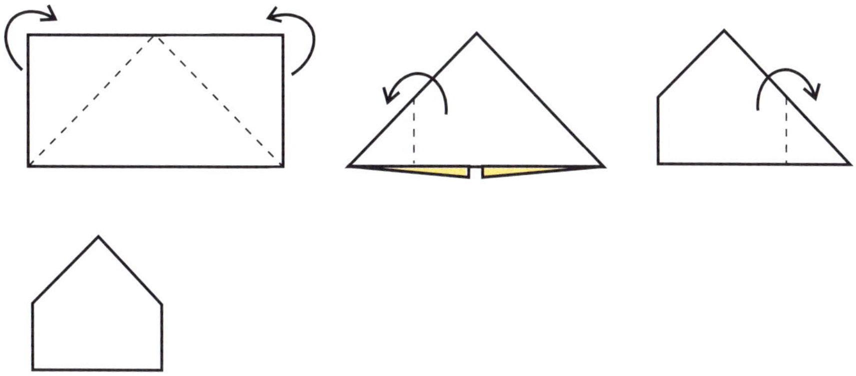

Technik 6

Falten Sie, wie unter Technik 2 beschrieben. Anschließend die rechte und die linke Ecke nach hinten falten (siehe Zeichnung).

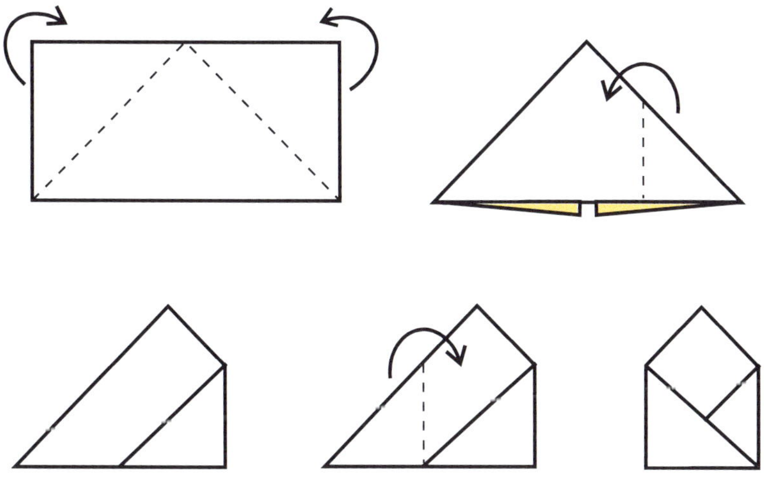

Technik 7

Falten, wie bei Technik 2 beschrieben. Anschließend die Enden an beiden Seiten nach vorne einfalten (siehe Zeichnung).

Steck-technik

Bei der Artischockentechnik wird meist mit einem Quadrat begonnen, das mit vier Nadeln auf dem Untergrund festgesteckt wird (Abb.1). In der Mitte dieses Quadrates treffen sich dann die Spitzen der vier Dreiecke, die als nächstes festgesteckt werden. In Falttechnik 1 hergestellte Dreiecke werden an Basis und Spitze festgesteckt. Das Anfangsquadrat wird auf diese Weise fast völlig verdeckt (Abb. 2). Stecken Sie die Nadel etwa 1 mm unterhalb der Spitze ein, damit der Nadelkopf nicht sichtbar ist.

In Falttechnik 2 gearbeitete Schuppen werden nur mit zwei Nadeln an der Basis festgesteckt (Abb. 3). Dadurch bleibt mehr vom Anfangsquadrat sichtbar. Auch Schuppen in Technik 5 werden nur mit zwei Nadeln befestigt (Abb. 4). Die Schuppenspitzen treffen sich auch diesmal in der Mitte, springen durch die Falttechnik aber auf. Deshalb wendet man diese Technik meist bei Blüten an, die dadurch sehr voluminös wirken.

Nach der ersten Runde wird eine zweite etwas tiefer angeordnet. (Abb. 5). Die dritte Runde wird wieder versetzt zur zweiten gearbeitet. Die Schuppen werden also direkt unter denen der ersten Runde plaziert (Abb. 6). Wird die dritte Runde auf die Höhe der zweiten gesetzt, entsteht eine Runde aus acht Schuppen. Das ist bei Kugeln oder Schachteldeckeln notwendig, damit der Kreis, der zu bedecken ist, nach außen von Runde zu Runde größer wird.

Zu Beginn wird ein Quadrat auf dem Styroporkörper festgesteckt.

Die Spitzen der vier Schuppen treffen sich in der Quadratmitte.

Bei Technik 2 werden die Dreiecke nur an der Basis festgesteckt.

Auch bei Technik 5 treffen sich die Spitzen, springen jedoch auf.

In der zweiten Runde werden die Schuppen meist versetzt gesteckt.

Die dritte Runde wird wieder versetzt zur zweiten angeordnet.

Stern-schachtel

Schöner kann man ein Weihnachtsgeschenk kaum verpacken! Die originelle Schachtel in Sternform läßt sich ganz schnell in Artischockentechnik dekorieren.

Material
- 1 sternförmige Schachtel aus Styropor, 20 cm Ø
- 1 Styroporstern, 9 cm Ø
- 110 cm Band, goldfarben, 4,5 cm breit
- 240 cm Band, weiß, 4 cm breit
- 160 cm Band, rot, 4 cm breit
- 200 cm Kordel, weiß-goldfarben, 3 mm Ø
- Styropor-Klebstoff
- Heißkleber
- Stecknadeln

So wird's gemacht
Bänder zuschneiden und falten:
– 25 x 8 cm weißes Band, Technik 2;
– 5 x 8 cm weißes Band, Technik 1;
– 20 x 8 cm rotes Band, Technik 1.

Deckel: Stecken Sie zwei Reihen mit je fünf roten Schuppen direkt untereinander in der Schachtelmitte fest. Darauf folgt eine Reihe weiße Schuppen (Technik 2), die im Zwischenraum in Richtung Sternspitze angeordnet werden. Ordnen Sie nochmals eine Reihe rote Schuppen an, und stecken Sie sie sauber am Schachtelrand fest. Beenden Sie den Schachteldeckel, indem Sie weitere drei Reihen weiße Schuppen auf der Sternenspitze anordnen.
Schneiden Sie die überstehenden Bandreste ab, stecken Sie die Bänder sauber am Schachtelrand fest und versäubern Sie den Rand mit weiß-goldfarbener Kordel, die in Abständen von 4 cm mit Nadeln festgesteckt wird.
Auf dem kleinen Stern werden fünf weiße Schuppen in der Mitte angeordnet, auf der Rückseite festgesteckt und mit weiß-goldfarbener Kordel versäubert. Die restliche Kordel verknoten Sie, fransen die Enden aus und kleben diesen Knoten auf die Sternmitte. Der fertige Stern wird auf dem Schachteldeckel mit Nadeln von innen festgesteckt und mit Heißkleber fixiert.

Unterteil: Bekleben Sie den Schachtelrand mit goldfarbenem Band. Benutzen Sie hierfür den Spezialklebstoff für Hartschaum (z.B. Uhu por). Verzieren Sie das Unterteil zusätzlich mit fünf roten und fünf weißen Schuppen (Technik 1), die Sie am Schachtelboden feststecken, nach oben in die inneren Ecken des Sterns biegen und dort feststecken.

Kugel im Topf

Ein ganz individueller Gruß im Advent ist dieser ausgefallene Schmuck für Tisch oder Fensterbrett.

Material
- 1 Styroporkugel, 9 cm Ø
- 200 cm Band, grün, 4 cm breit
- 160 cm Band, rot, 4 cm breit
- 20 cm Goldkordel, 1 mm Ø
- 10 künstliche oder echte Tannenzweige
- 1 goldfarbener Tontopf, 11 cm hoch
- Steckschaum
- Heißkleber
- Stecknadeln

So wird's gemacht

Bänder zuschneiden und falten:
– 1 x 4 cm rotes Band für den Anfang;
– 20 x 8 cm grünes Band, Technik 2;
– 16 x 8 cm rotes Band, Technik 7.

Schneiden Sie von der Kugel eine etwa 1 cm dicke Scheibe ab. Dann stecken Sie auf der Seite, die der abgeflachten Stelle gegenüberliegt, das Quadrat für den Anfang auf der Kugel fest. Fahren Sie mit vier grünen Schuppen fort, die etwa 1 cm vom Mittelpunkt entfernt festgesteckt werden. Es folgen vier Runden grüne Schuppen, die Sie direkt untereinander anordnen. Die roten Schuppen werden etwa 1,5 cm vom Mittelpunkt entfernt im entstandenen Zwischenraum untereinander festgesteckt.

Füllen Sie den goldfarbenen Tontopf bis etwa 1 cm unter den Rand mit Steckschaum. Darauf kleben Sie die fertige Kugel mit der flachen Seite und decken den restlichen Steckschaum mit den Tannenzweigen ab.

Halbieren Sie das restliche rote Band der Länge nach und binden Sie aus grünem Band eine Schleife. Legen Sie das rote Band um den Schleifenmittelpunkt und binden Sie es mit Goldkordel ab (siehe Foto). Alle Bandenden werden spitz zugeschnitten und die Schleife auf den Tontopf geklebt.

Türschmuck mit Quasten

Es muß nicht immer ein Kranz sein: Ein Arrangement aus echten oder künstlichen Zweigen mit dicken Quasten darauf ist ein außergewöhnlicher Türschmuck für die Adventszeit.

Material
- 1 Styroporzapfen, 12 cm hoch
- 200 cm Band, blau gemustert, 4 cm breit
- 250 cm Band, rot, 2,5 cm breit
- 410 cm Kordel, goldfarben, 1 mm Ø
- 40 cm Kordel, goldfarben, 4 mm Ø
- Bindedraht
- 1 künstlicher oder echter Tannenzweig
- Heißkleber
- Stecknadeln

So wird's gemacht

Bänder zuschneiden und falten:
- 16 x 8 cm blaues Band, Technik 2;
- 8 x 8 cm blaues Band, Technik 6;
- 40 x 5 cm rotes Band, Technik 6.

Teilen Sie den Zapfen quer in zwei Teile. Beginnen Sie an der abgeschnittenen Seite, indem Sie vier blaue Schuppen so anordnen, daß die Spitzen etwa 3 cm über den Rand hinausstehen. Die zweite Runde besteht aus weiteren vier blauen Schuppen, die genau darüber festgesteckt werden. Es folgen drei Runden mit je vier roten Schuppen, die übereinander in dem entstandenen Zwischenraum festgesteckt werden. Stecken Sie nochmals zwei Runden mit je vier roten Schuppen über der letzten blauen Schuppe fest, und beenden Sie die erste Quaste mit vier blauen Schuppen (Technik 6).
Schneiden Sie von der dünnen goldfarbenen Kordel 16 Stücke à 12 cm Länge ab. Diese legen Sie übereinander, binden sie in der Mitte mit Bindedraht ab und döseln sie auf. Diese Quaste wird auf die abgeschnittene Fläche gesteckt. Die zweite Quaste wird genauso gearbeitet.
Für die Aufhängung verknoten Sie die Enden der breiten Goldkordel und stecken sie an beiden Quastenoberseiten fest. Teilen Sie das restliche rote Band in drei Teile von 2 x 14 cm und 1 x 18 cm und fertigen Sie daraus drei einfache Schleifen, die in der Mitte mit dünner Goldkordel abgebunden werden. Die beiden kleinen Schleifen werden auf den Quasten und die große oberhalb auf der dicken Kordel festgeklebt.
Das ganze Arrangement befestigen Sie auf künstlichen oder echten Tannenzweigen.

Schachtel mit Blumendeckel

Kaum zu glauben, daß diese prächtige Blüte aus Bändern entstanden ist! Sie können damit jeden Geschenkkarton apart verzieren.

Material
- 1 Geschenkkarton, gelb, mindestens 10 x 10 cm Grundfläche
- 1 Styroporkugel, 4 cm Ø
- 130 cm Band, gelb, mit Drahteinlage, 2,5 cm breit
- 110 cm Band, blau, mit Drahteinlage, 2,5 cm breit
- 80 cm Band, grün, 2,5 cm breit
- 30 cm Kordel, grün, 2 mm Ø
- 20 cm Ringelband, gelb, 0,5 cm breit
- Heißkleber
- Stecknadeln

So wird's gemacht

Bänder zuschneiden und falten:
– 16 x 6 cm gelbes Band, Technik 5;
– 8 x 6 cm blaues Band, Technik 5;
– 8 x 6 cm grünes Band, Technik 5.

Halbieren Sie die Kugel mit dem Messer. Über die Rundung legen Sie ein 7 cm langes blaues Bandstück und stecken es auf der flachen Seite fest. Rechts und links davon werden zwei gelbe Bandstücke angeordnet. Ziehen Sie ein 7 cm langes grünes Kordelstück über dem gelben und unter dem blauen Band hindurch und stecken Sie es fest. Zwei 10-cm-Stücke gelbes Ringelband werden unter die gelben Bänder und über das blaue Band gelegt und festgesteckt.

Die inneren Blütenblätter bestehen aus je einer blauen und einer gelben Schuppe. Diese werden aufeinander gelegt, unten etwas zusammengerafft und an der Kugel festgesteckt, wobei die Schuppenspitze etwa 2,5 cm absteht. Darunter stecken Sie eine Runde aus acht gelben Schuppen versetzt fest. Die letzte Runde besteht aus acht grünen Schuppen, die versetzt am Kugelrand angeordnet werden. Stecken Sie alle Schuppen an der Kugelrundung fest, nicht an der flachen Seite, da die Blüte sonst an Volumen verliert.

Die fertige Blüte wird auf den Schachteldeckel geklebt. Mit den restlichen Bändern können Sie die Schachtel zusätzlich verzieren: Legen Sie ein Stück Band rund um die Schachtel, bilden Sie aus anderen Stücken Schleifen, die Sie mit Heißkleber an der Schachtel befestigen.

Bucheinband in Flechttechnik

Wenn Sie den neuen Roman, den sie verschenken wollen, mit einem so schönen Einband versehen, brauchen Sie ihn nicht zusätzlich in Geschenkpapier zu wickeln. Verändern Sie die Maße entsprechend Ihrem Buchpräsent. Nur Mut! Sie brauchen sich nicht sklavisch an die Anleitung zu halten! Experimentieren Sie ruhig selbst mit verschiedenen Materialien und Accessoires wie Gewürzen, Perlen, Federn oder Knöpfen.

Material
- 23 x 15 cm Zeichenkarton, weiß
- Wellpappe, gelb und weiß
- Packpapier
- Naturpapier
- Geschenkpapier, braun gemustert
- Bast, naturfarben
- 30 cm Schnur, gelb, 4 mm Ø
- 60 cm Schnur, weiß-naturfarben, 4 mm Ø
- 2 Holzperlen, 5 mm Ø
- Sternanis
- Klebstoff

So wird's gemacht

Schneiden Sie zunächst aus den verschiedenen Papieren die vertikalen Streifen mit 23 cm Länge und 2 cm Breite. Sie werden an einer Schmalseite des Tonpapiers nebeneinander festgeklebt. Schneiden Sie dann die kürzeren Streifen (ca. 17 cm lang) zu, und flechten Sie sie zwischen den vertikalen Streifen durch. Arbeiten Sie von oben nach unten, bis der Zeichenkarton vollständig bedeckt ist. Kleben Sie alle Querstreifen fest. Nun ziehen Sie Schnüre und Bast zwischen den Papierstreifen durch und fixieren sie mit Klebstoff.

Den Zeichenkarton kürzen Sie am oberen Ende um 2 cm und schneiden überstehende Papierstreifen ab. Als Lesezeichen kleben Sie etwa 36 cm naturfarbene Schnur an der linken oberen Ecke auf der Rückseite des Zeichenkartons fest und verknoten sie am anderen Ende. Binden Sie das Buch mit Packpapier ein und kleben Sie das ganze fertige Schmuck-Element auf die Vorderseite.

Geschenkset in Flechttechnik

Hier passen Geschenkverpackung und Grußkarte perfekt zusammen. Bei der Flechttechnik können Sie frei experimentieren. Achten Sie aber auf harmonische Farbkombinationen.

Runde Schachtel

Material

- 1 Styroporschachtel, 14 cm Ø
- 110 cm Band, blau mit Blütendruck, 3 cm breit
- 140 cm Band, apricot, mit Drahteinlage, 2,5 cm breit
- 60 cm Band, weiß, 4 cm breit
- 120 cm Band, blau, 4 cm breit
- Stecknadeln

So wird's gemacht

Schneiden Sie als erstes die Bänder zu (einige davon müssen Sie auch der Länge nach teilen):

- 1 x 18 cm Blütenband, 3 cm breit;
- 2 x 18 cm Blütenband, 1,5 cm breit;
- 2 x 18 cm Blütenband, 1 cm breit;
- 3 x 18 cm apricotfarbenes Band, 2,5 cm breit;
- 5 x 18 cm weißes Band, 2 cm breit;
- 4 x 18 cm blaues Band, 1 cm breit.

Alle Bänder sollten etwa 18 cm lang sein und werden locker am Schachtelrand festgesteckt. Stecken Sie zunächst ein Band quer über die Schachtelmitte fest. Legen Sie ein weiteres Band über Kreuz darüber und erweitern Sie nun das Flechtwerk nach außen. Wenn die ganze Fläche bedeckt ist, stecken Sie die Bänder sauber am Schachtelrand fest und schneiden die überstehenden Bandreste ab. Sollten die Bänder verrutschen, können sie vorübergehend auch auf dem Deckel fixiert werden (Nadeln später wieder herausziehen). Um den Deckelrand zu versäubern, schlagen Sie 50 cm Blütenband auf 1 cm Breite ein und stecken es unsichtbar fest. Für das Schachtelunterteil stecken Sie zweimal 50 cm blaues Band überlappend fest. Darüber legen Sie das restliche apricotfarbene Band, verknoten es und binden mit dem Rest eine Schleife, die Sie, falls nötig, mit einer Nadel fixieren.

Grußkarte mit Umschlag

Material
- 1 Klappkarte DIN A 6, blau, mit Umschlag
- Tonpapier, blau, 14 x 10 cm
- 40 cm Band, blau mit Blütendruck, 3 cm breit
- 70 cm Band, apricot, mit Drahteinlage, 2,5 cm breit
- 30 cm Band, weiß, 4 cm breit
- Filzstift, apricot
- Klebstoff
- Cutter

So wird's gemacht

Bänder zuschneiden:
– 4 x 9 cm Blütenband;
– 2 x 9 cm apricotfarbenes Band;
– 2 x 9 cm weißes Band.

Zeichnen Sie einen Kreis mit 8 cm Durchmesser auf die linke Karteninnenseite und schneiden Sie den Kreis mit dem Cutter aus. Das blaue Tonpapier-Rechteck legen Sie in die Karte und zeichnen zur Orientierung den Umriß des Kreises nach. Schneiden Sie die weißen Bänder der Länge nach durch, so daß Sie vier 2 cm breite Bandabschnitte erhalten. Das Blütenband wird in vier 2 cm breite und zwei 1 cm breite Streifen geteilt. Kleben Sie die schmalen Blütenbänder auf die beiden apricotfarbenen Bandabschnitte. Arbeiten Sie nun von unten nach oben und kleben Sie die fünf vertikalen Bänder außerhalb der Markierung an der Unterseite des Kreises auf dem Tonpapier-Rechteck fest. Anschließend flechten Sie ein Band nach dem anderen durch die vertikalen Bänder und fixieren alle Bandenden mit Klebstoff. Überstehende Bänder schneiden Sie ab und kleben das so gestaltete Tonpapier-Rechteck hinter dem Kartenausschnitt fest. Schneiden Sie aus den Resten zwei 0,5 cm breite weiße Bandstücke zu und legen Sie aus dem restlichen apricotfarbenen Band zwei einfache Schleifen, die Sie mit dem weißen Band abbinden. Je eine Schleife kleben Sie unter den dekorierten Kartenausschnitt und auf den Umschlag.

Freundschaftsband mit Perle

Freundschaftsbänder sind als Geschenke unter Jugendlichen sehr beliebt. Wenn das Band von selbst abfällt, geht angeblich ein Wunsch in Erfüllung …

Material

- 8 Fäden *Anchor*-Sticktwist *(Coats)* à 125 cm in folgenden Farben:
  2 Fäden grau (Fb 400),
  2 Fäden grün (Fb 214),
  4 Fäden lila (Fb 870)
- 1 Perle (Muschelsplitter in Acryl)
- 1 Sicherheitsnadel

So wird's gemacht

Die Perle in die Mitte der Fäden ziehen und die Fäden hinter der Perle verknoten. An diesem Knoten eine Sicherheitsnadel befestigen (siehe Zeichnung)

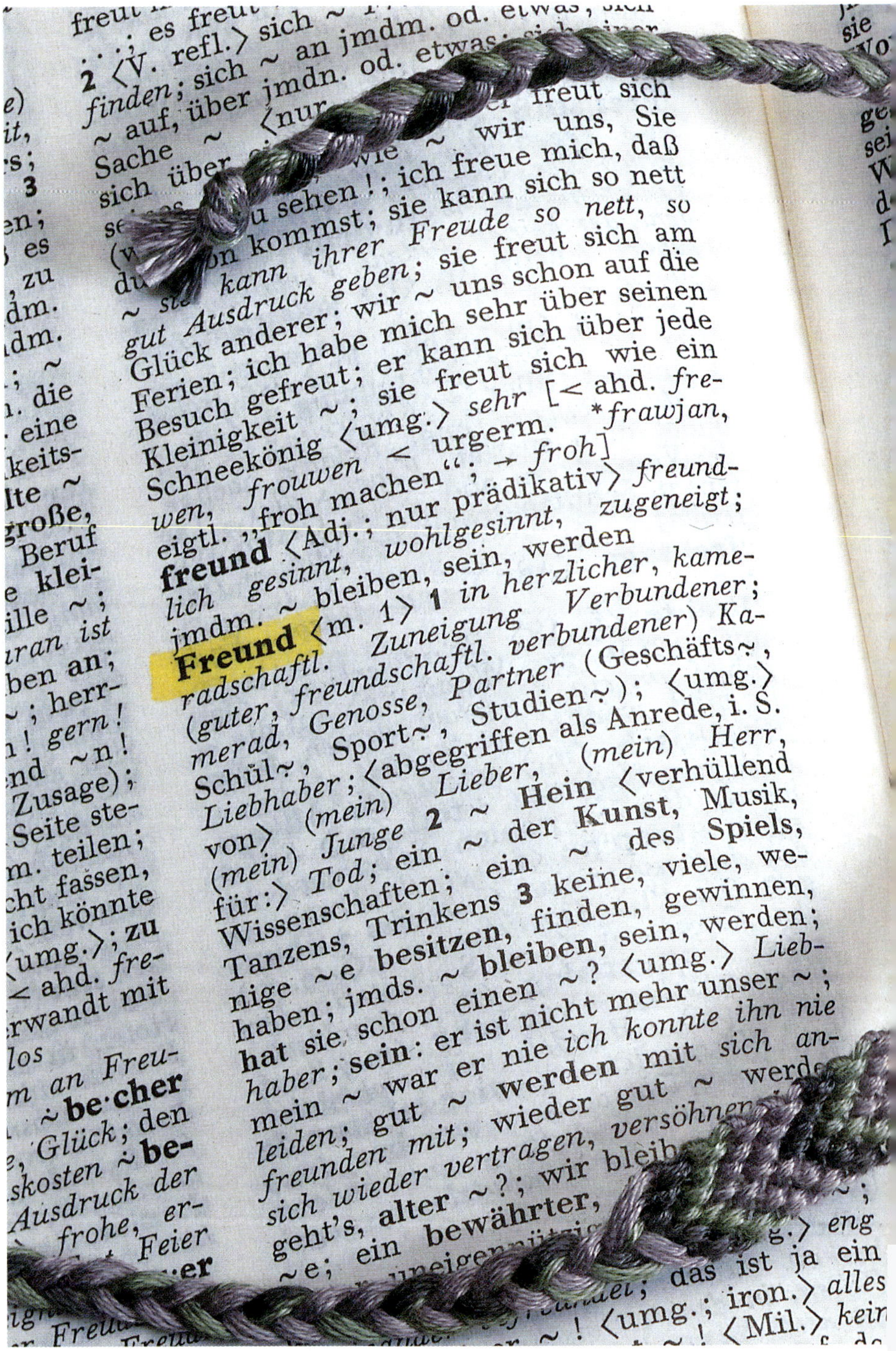

und die Arbeit am Knie der eigenen Hose oder an einem Kissen fixieren. Achtung: Das Band ist symmetrisch gearbeitet! Jeweils gegenüberliegende Fäden haben dieselbe Farbe:

F1 und F8 lila,
F2 und F7 grün,
F3 und F6 grau,
F4 und F5 lila.

Knüpfweise (siehe Zeichnung):
Das Band wird im sogenannten „Pfeilspitzenmuster“ geknüpft.

1. Mit F1 je zwei Knoten nach rechts über F2, F3 und F4. F1 in der Mitte der Reihe ablegen.
2. Mit F8 je zwei Knoten nach links über F7, F6 und F5.
3. F1 und F8, die nun in der Mitte nebeneinander liegen, mit zwei Knoten nach rechts verknüpfen: Die erste Spitze ist fertig.
4. Die nächsten Reihen werden auf die gleiche Weise geknüpft. Wenn die eine Hälfte des Bändchens lang genug ist, das Bändchen mit einem kleinen Zopf beenden und das Ende verknoten.
5. Knoten hinter der Perle lösen und das Bändchen umdrehen.
6. Die Sicherheitsnadel hinter der Perle im bereits fertig geknüpften Teil anbringen und die zweite Seite knüpfen, wie oben beschrieben.

Kakteenampel in Makramee

Höhe: ca. 110 cm (mit Aufhänger)

Ein echter Blickfang in jedem Fenster ist diese rustikale Kakteenampel, mit der Sie Pflanzenfreunden eine große Freude bereiten.

Material

- 27 cm Baumwoll-Knüpfgarn (Rayher), dunkelbraun, 3 mm Ø
- 20,7 m Baumwoll-Knüpfgarn (Rayher), orange, 3 mm Ø
- 16,8 m Baumwoll-Knüpfgarn (Rayher), rost, 3 mm Ø
- 3 Hängetontöpfe mit je 3 Aufhängelöchern am Rand, ca. 9 cm Ø und 9 cm Höhe (erhältlich in Garten- oder Floristikmärkten)
- 37 Holzperlen (Großlochradl), natur, 10/8 mm
- 45 Holzperlen (Großlochradl), dunkelbraun, 10/8 mm
- gebogene, getrocknete Äste (z.B. Rosenstock o.ä.)
- 3 Kakteen oder Bromelien

So wird's gemacht

Schneiden Sie zunächst alle Fäden zu.
Baumwoll-Knüpfgarn, dunkelbraun:
- 3 x 2,2 m (Leitfäden/Ampel),
- 3 x 3,2 m (Knüpffäden/Ampel),
- 2 x 1,6 m (Leitfäden/Aufhänger),
- 2 x 3,3 m (Knüpffäden/Aufhänger),
- 1 x 1 m (zum Zusammenbinden der Äste).

Baumwoll-Knüpfgarn, orange:
- 3 x 2,4 m (Leitfäden),
- 3 x 4,5 m (Knüpffäden).

Baumwoll-Knüpfgarn, rost:
3 x 1,6 m (Leitfäden),
3 x 4 m (Knüpffäden).

Aufhänger: Die Äste mit dem 1 m langen Faden zusammenbinden. Jeweils einen kurzen und einen langen dunkelbraunen Faden für den Aufhänger zur Hälfte an zwei Stellen an den Ästen einhängen, dabei ca. 10 cm der Astmitte frei lassen. Pro Seite ein Wellenknotenband von 12 cm Länge knüpfen, die kürzeren Fäden bilden die Leitfäden in der Mitte. Über diese Leitfäden nach den Wellenknoten eine naturfarbene Perle ziehen und mit einem Weberknoten fixieren.
Mit ca. 1 cm Abstand einen weiteren Weberknoten knüpfen, dabei allerdings die Leit- und Knüpffäden wechseln, d.h. die Leitfäden kommen nun nach außen und werden Knüpffäden, die bisherigen Knüpffäden kommen nach innen und werden Leitfäden.
Den Mustersatz insgesamt 4 x wiederholen. Den Abschluß bildet eine weitere Perle.
Weitere 9 cm Wellenknoten knüpfen. Beide Bänder mit einem Überhandknoten verbinden.

Ampel, dunkelbraun: In der Mitte der Astgabelung die Leit- und Knüpffäden zur Hälfte einhängen. Mit 2 langen Knüpffäden über alle Fäden 7 Wellenknoten knüpfen. Fäden in 3 Stränge teilen, je 2 Leitfäden innen und 2 Knüpffäden außen.
1 Weberknoten knüpfen, Fäden wechseln (siehe oben), mit ca. 1 cm Abstand wieder 1 Weberknoten knüpfen, 1 naturfarbene Perle auffädeln. Mustersatz noch 3 x wiederholen. Nach der 4. Perle 11 cm Wellenknoten knüpfen. Danach wie oben weiterknüpfen, Mustersatz jedoch 5 x wiederholen. Die beiden weiteren Stränge genauso verarbeiten. Die Leitfäden durch die Löcher der Tontöpfe nach innen ziehen und alle 4 Fäden mit einem Überhandknoten sichern.

Ampel, orange: Beginn und Abschluß siehe „Ampel, dunkelbraun". Pro Strang 13 cm Wellenknoten, 5 dunkelbraune Perlen, wieder 13 cm Wellenknoten und 5 Perlen einknüpfen.

Ampel, rost: Beginn und Abschluß siehe „Ampel, dunkelbraun". Pro Strang 13 cm Wellenknoten, 5 dunkelbraune Perlen und nochmals 13 cm Wellenknoten knüpfen.

Weberknoten

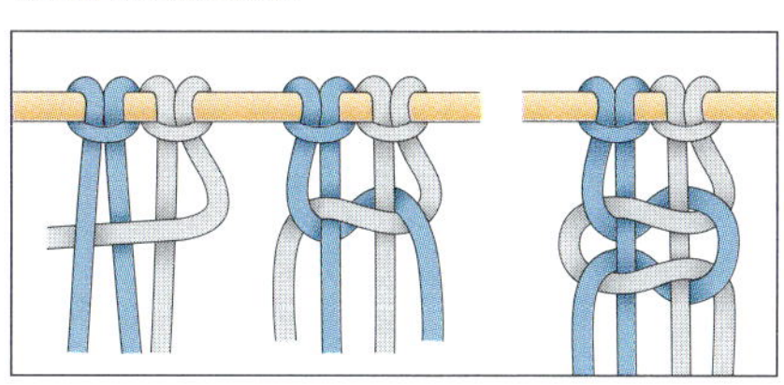

Wellenknoten

Der Wellenknoten besteht aus der ersten Hälfte des Weberknotens. Nach ca. 5 Knoten beginnt das Band, sich zu drehen.

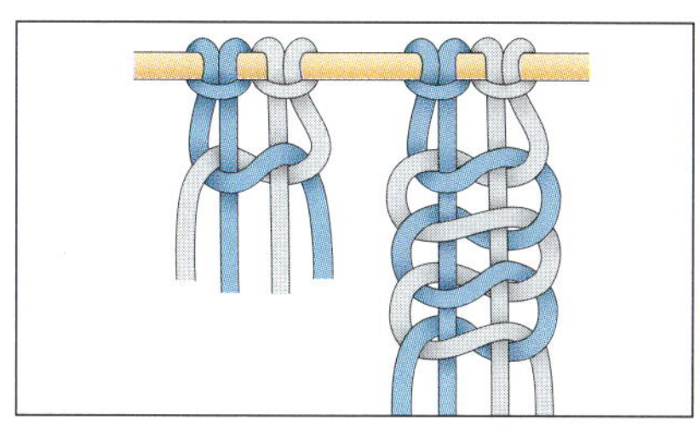

Überhandknoten

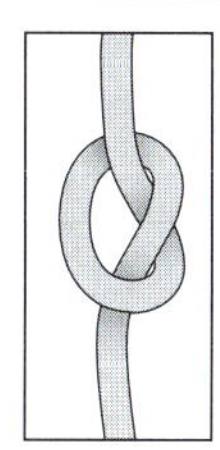

Bezugsquellen

Garne
Coats GmbH
Postfach 1179
79337 Kenzingen

DMC
Vertrieb Deutschland
Lindhorst Handarbeiten GmbH
Spitzäcker 4
74931 Lobbach

Lang Garn & Wolle GmbH
Püllenweg 20
41352 Korschenbroich

ONline
Klaus Koch GmbH & Co. KG
Rheinstraße
35260 Stadtallendorf

Rayher Hobby GmbH
Fockestraße 15
88471 Laupheim

Schachenmayr
über Coats GmbH
Postfach 1179
79337 Kenzingen

Stoffe
I.C. Leibfried GmbH
Am Feger 5 – 7
71063 Sindelfingen

Permin of Copenhagen
Carl J. Permin a/s
Egegaardsvej 28
DK – 2610 Roedovre

Rüsing Leinenmanufaktur
Adlerstraße 21
33415 Verl

Sänger-Leinen AG
Oberstraße 2
CH – 3550 Langnau/Emmental

Zweigart & Sawitzki
Postfach 120
71043 Sindelfingen

Strick- und Häkelnadeln
Rump & Prym GmbH & Co. KG
Postfach 1363
58743 Altena/Westfalen

Kartonage-Sets
Van Eeuwen
Koningsstraat 96
NL – 1211 Hilversum

Die Deutsche Bibliothek –
CIP Einheitsaufnahme

Kleine Geschenke : Stricken, Häkeln, Sticken, Nähen / Lena Fuchs (Hrsg.). – Augsburg : Augustus-Verl., 1999
ISBN 3-8043-0690-X

Die Modelle in diesem Buch wurden folgenden Originalausgaben des Augustus Verlags entnommen:

- Bode/Dietze/Steinert: Stricken und Häkeln fürs Baby
- Fuchs: Socken stricken – Neue Ideen
- Fuchs: Stricken – Das Ideenbuch
- Fuchs: Stricken – Mützen, Schals, Handschuhe
- Guthmann: Kreuzstich – Schachteln und Schatullen
- Heinrich: Omas Häkelmotive
- Heinrich: Omas Häkelspitzen
- Kraft: Artischockentechnik – Advent und Weihnachten
- Kraft: Artischockentechnik – Neue Ideen mit Papier
- Lubert: Kreuzstich Clowns
- Lubert: Kreuzstich – Kleine Geschenke
- Moschitz: Kreuzstich weiß und blau
- Müller: Kissen
- Neumann/Grehl: Häkeln in der Osterzeit
- Nießeler: Makramee
- Nießeler: Patchworktaschen
- Schepp: Teddymode selber stricken
- Schories: Freundschaftsbänder selber knüpfen
- Weinold: Schicke Socken selber stricken

Die im Buch veröffentlichten Ratschläge wurden von Verfasser und Verlag sorgfältig erarbeitet und geprüft. Eine Garantie kann dennoch nicht übernommen werden. Ebenso ist eine Haftung des Verfassers bzw. Verlages und seiner Beauftragten für Personen-, Sach- und Vermögensschäden ausgeschlossen.

Bei der Anwendung im Unterricht und in Kursen ist auf dieses Buch hinzuweisen.

Fotografie: Klaus Lipa, Diedorf
Lektorat: Helene Weinold-Leipold, Aystetten
Grafiken: Heidrun Heinrich, Bisingen: S. 15; Manuela Juntke, Leipzig: Seite 10, 12, 14, 16, 18, 21, 42, 44, 45; Gisela Klöpper, Salach: S. 27, 31, 32, 34, 36, 38, 40; Petra Körner, Augsburg: S. 95; Stephanie Kraft, Esslingen: S. 82, 83; Regine Lubert, Lörrach: S. 60, 62; Iris Mocker, Neuburg: S. 50, 51, 52, 53, 54, 56, 58, 59; Ellen Moschitz, Osnabrück: S. 63, 65, 66, 69; Cristiana M. Müller, Sonneberg: S. 78; Dorothea Neumann/ Sabine Grehl, Hamburg: S. 23, 24, 25; Christiane Nießeler, Friedberg: S. 72; Helga Schepp, Dortmund: S. 46; Helene Weinold-Leipold, Aystetten: S. 76, 77; Claudia Wiedenroth, Niederstaufen: S. 39, 92, 93.

Umschlagkonzeption: Kontrapunkt, Kopenhagen
Umschlaglayout: Charmaine Müller

Augustus Verlag Augsburg 1999

Satz: satz-studio gmbh, Bäumenheim
Druck und Bindung: Appl, Wemding
Gedruckt auf 115 g umweltfreundlich chlorfrei gebleichtes Papier.

ISBN 3-8043-0690-X
Printed in Germany